なぜ日本人は韓国人にこんなになめられ続けるのか？

金智羽

Kim Jiu

―なぜ日本人は韓国人にこんなになめられ続けるのか?―

CONTENTS 目次

CONTENTS 目次

はじめに

モヤモヤ、モヤモヤ、ずっと霧が掛かった状態だ。

原因は何か。何でこのモヤモヤを取り除くことができないのか。妖怪のせいなのか？違う。韓国、当然私も含めた韓国人のせいであり、そして日本、日本人のせいなのね。

私が母親から出てきてほぼ半世紀。その私が初めて来日してから約四半世紀。世界広しと言えども、唯一無二に思えた日本人のその「特殊性」に驚愕したのも、もうはるか昔のことだ。その頃のように、見るもの聞くものその多くに驚き、感動し、時にはちょっと引いてみたり、時には強引に押してみたり、そんな純真なままでいられたら良かったのになあと思う。

それでも、乳母車よりも車椅子が近付くにつれ、絶対的に「白いまま」ではいられない。

むしろ、徐々に徐々に、確実に、「黒い方」がより多く侵食して来ている。「ホワイト金智羽」のままでいたかったのに、今ではすっかり「ブラック金智羽」になってしまった。

もどかしい。日本人のその独特さゆえにイライラが募る。

私は韓国の代表者ではない。両国のより良い未来のために率先して動く立場でもなければ、そのような身分でもない。両国の架け橋になりたいわけでもなく、だからと言って両国にこれ以上亀裂を入れたいわけでもない。ましてや、海賊王になるなんてことも考えていない。

ただ単に思いっきり言いたくなっただけ。たったそれだけのことです。

以上。

本書は、最初によく見聞きする日本人の意見をできる限り忠実に記載し、そのあとに私が続いていくという形を取ることにする。

第一章
日本人の傲慢で怠慢な歴史認識を論破する

日本が慰安婦問題の罪から絶対に逃れられない理由

日本人は言う。

「従軍慰安婦は、日本軍の依頼により民間業者によって募集され、その待遇の良さに目が眩み集まってきた売春婦でしかない。そのような売春婦たちは、高い給料をもらい、なおかつ軍で適切に管理されていた。

朝鮮人従軍慰安婦の中には、自らの意思とは裏腹に、無理やりそのような道に入ることになった人もいるようだが、それは同胞である朝鮮人に騙されたり、連れ去られたりした女性たちであった。悪いのは日本人ではなく、騙した朝鮮人たちである。現に、日本軍と警察は、悪徳朝鮮人業者の存在を把握し、取り締まっていたという事実もある。

日本軍は、慰安婦たちに卑劣極まりない行為の数々をしたと韓国人は必死になって大声を出しているが、その怒りを向けるべき相手は、日本ではなく、同胞朝鮮人を騙した悪徳朝鮮人たちなのである」と。

それでいて日本人は言う。

「日韓併合時、朝鮮人は法的にも日本人であった。それなのに、当時の日本国民の義務であった「徴用」を「強制連行」という言葉にすり替え、日本を責め続け、あたかも被害者であるかのようなふりをしている。今もなお、日本に謝罪や賠償、さまざまな権利を要求している韓国人を、もうこれ以上黙って見ているわけにはいかない。

韓国人と在日韓国人、この朝鮮民族という人種は、天性の嘘つき人種である。韓国人、在日韓国人に騙されないようにするためには、常に彼らの言動に警戒しつつ接していかなければならない」と…。

●●●

天気が良かったある日。私は、運動がてらに近所の公園に出掛けた。

散策程度にわずかながら運動をして、ベンチで少々休んでいると、隣のベンチに三人の少年たちがやって来た。

二人がベンチに座り、二言三言交わした後、それぞれ携帯でゲームをやりだした。もう一人はベンチの背もたれ側に回り、二人の画面をしばし覗き込んだ後、何やらごそごそしていると思ったら、コンビニで買ったと思われるおにぎりを食べはじめた。私はおにぎりの具は断然明太子派なのだが、その少年のおにぎりの具はというと、それはあえて書き記さなくてもいいのかなということで、この辺で止めておく。

携帯ゲームをやっている少年の手首の角度が若干気になった。なるほど、まだ中学生になったばかりかと思えるその少年、やはり日本人であった。ベンチの後ろ側にいるおにぎり少年に画面が見えるようにわざと若干手首をひねった形で遊んでいたのだ。韓国人少年ならば、おにぎり少年が見てようが見ていまいが、単純に自分の見やすい角度で自由気ままにしかやらないだろうに、などと思ったりもした。

他人から見たら、たぶん少々、いや大いに怪しかっただろうが、何の気なしにボケっと少年たちの姿を見ていた。中学生くらいだとして、社会科でもしくは歴史の授業で、もう第二次世界大戦あたりを学んだだろうかな、などとふと思ったりした。そして、まだ十分にあどけなさの残る少年たちは「従軍慰安婦」という単語も、もう目にしてしまったのだろうかと・・・。

彼らが大きくなって何を思うのか。

「オレたちのひい爺ちゃんが、そのまた爺ちゃんや父ちゃんが、朝鮮半島の朝鮮女たちを強制的に慰安婦にした」などと考えたり、思ったりして、「反省」と書かれた穴にずっぽり入り込んでしまうのだろうか。あるいは、「慰安婦って、しょせん売春婦じゃね？しかも、同じ民族の奴らが売り飛ばしてやったことじゃねえか？オレらには全然関係なくね？」などと、さも正しいかのようなことを平然と言ってのけてしまうのか？あぁ、末恐ろしい。恐ろしさのあまり、少しちびりそうになったくらいだ。決して年齢のせいではない。

これから大人になっていく未来の「日本人代表候補」たちには、しっかり「本当のコト」を伝えようではないか。と言うか、ちゃんと伝えなくてはいけないのではないだろうか？それが、「現日本人代表」者たちに任された使命というものだ。決して「間違えたまま」を伝えてはいけない。

こちら（韓国人）が騒げば、「ほら来た！」「待っていました！」と言わんばかりに浮き足立って興奮して、下手したらこちら側よりも盛り上がってしまうそちら（日本人）側。目を「ガっと」見開いて、しっかり真実を見て受け止めて欲しい。

私が真打ちだ。上手いことを言ったとしたり顔でほくそ笑んでいる日本人よ。私が大トリなんだよ。私が一瞬にして、その「さっぱり、あっさり、健康的」な和食風味の思考を、その牙城を、土台もろとも跡形もなく崩し去って見せよう。「金智羽劇場」開幕。見逃すことなかれ。そして思い知れ。思い直せ。

●●●

平成二十七年(二〇一五年)で戦後七十年という大きな節目を迎える。七十年、これは決して短い期間とは言えない。むしろ、長い、長い年月である。戦後七十年という長い年月が経過した今もなお、まだ終わらない「闘い」を続けている人たちがいる。

これだけの長い年月が経過した今も、戦争がもたらした不幸と闘っているのである。闘う理由、目的、意義などは実に様々であり、闘う人々も日本人であったり、韓国人であったり、当事者であったり、あるいはその子、孫だったりする。

そんないまだ終わらない、終わりが見えない闘いをしている人たちの中に朝鮮人従軍慰安婦たちもいる。

彼女たちの闘いは、いまだに「終戦」していないのである・・・。

日本人は、彼女たちの必死な闘いを目にしたことがあるのか。見たことも聞いたこともない人の方がきっと多いことだろう。

日本側は、すでにできる限りの「誠意」は見せたのだろう。しかし、本当にそうなのだろうか。てっきり誠意を見せたつもりでいるだけなのではなかろうか。

従軍慰安婦の中には、「立候補」してそのような道に進んだ人もいれば、その反面、右も左もわからぬまま慰安婦となった女性たちもいたのは間違いないはずである。

立候補してその道に進んだにも関わらず、日本に「強制的に慰安婦にされた」などと嘘八百を訴える元慰安婦がいるとしたら、それはどのような目論見があるかは知らないが、もはや黙殺されても仕方のないことだろう。残念だが弁明の余地は一切ないのである。

近年、従軍慰安婦問題に関して大きな動きがあったにせよ、それでも今現在も「全面解決」とならず、「強制的に」「無理やり」従軍慰安婦となった元慰安婦たちの心の奥底まで日本に対する「怒り」はくすぶり続けている。

従軍慰安婦問題に関して、日本は言葉を濁し、自分たちはあたかも「無謀な慰安婦作り」には何も関与していないといった涼しい顔をしているが、私にはどうにも厚かましく思えてならない。

騙されて、略取されて、無理やり慰安婦にするべくそういった犯罪行為をしたのは、同胞であった朝鮮人ブローカーの仕業であった故に日本は関係ないと、まだしばらくのらりくらりしていれば、いつかはその問題も綺麗さっぱりなくなるとでも思っているのだろうか。

あたかも正論のごとく、「朝鮮人が朝鮮人を売り飛ばしたのだから、日本は全然関係ない！」などと寝言を言う人はいないはずだが、それでも、おかしなことにそういった寝言を言う人は必ずいたりすることに私は驚愕する。寝言は寝てから「しゃべる」ものなのに、である。

確実に言えることがある。それは、従軍慰安婦たちに対して日本は罪を犯したのである。その罪から逃れようなどとは考えてはならない。もしくは、「朝鮮人のしたこと」

として知らん顔を通そうなんてことは更にいただけない。

朝鮮人ブローカー、そして慰安婦、共にその当時は日本人だったのである。そのことを決して忘れてはならないのである。

朝鮮人が後に慰安婦となる女性を略取したからと、そのすべての罪を朝鮮人になすり付けるのは「見苦しい」の一言である。なぜならば、朝鮮人も日本人であった以上、その犯罪を阻止するのも日本の務めだったはずだからである。

当時、「日本人であった」元慰安婦たちを犯罪の手から守ることができなかったのは日本の罪なのだ。

「日本人であった」朝鮮人ブローカーたちの犯罪行為を徹底的に取り締まれなかったのも日本の罪。そのことに関して、絶対に言い逃れなんてできるはずがないのである。

もはや、朝鮮人が朝鮮人に対して行った犯罪行為、と位置付けるべきではないのである。日本人が日本人に対して行った犯罪行為だったのである。そして、それを黙認したのは、他ならぬ「日本国」だったのである。

もちろん、「あの頃は良かったね」などと愛おしく、懐かしむような時代ではなかったのもまた事実である。時代が時代だっただけに、日本人は、「身内」のことだけで大忙しだったかもしれない。しかし、朝鮮人も日本人であったのだから、「身内」と捉えてしかるべきだったのである。

朝鮮人ブローカーに注意するよう警告を発しておきながら、全力でその問題に立ち向かうことをしなかった日本に、全く罪がなかったと誰がどんな顔をして言い切ることができるのだろう。

日本人が好む「逃げ」のセリフとして人気が高い「日韓併合時は朝鮮人だって日本人だったのだから徴用は義務である」というもっともらしい言い分があるが、それならどうして朝鮮人ブローカーの犯罪は朝鮮人だと区別して捉えてしまうのだろうか。

徴用に関しては「朝鮮人も日本人だったから当然」と軽く流し、反対に都合の悪いところを突かれると何食わぬ顔で「犯罪行為をはたらいたのは朝鮮人だった」と、さも正しいことを言っているかのごとく自信あり気に言い切ってしまうのである。一見すると区別することで利口ぶっているのかもしれないが、逆に区別してしまうことで知恵のなさを露呈してしまっているようなものである。なぜなら、朝鮮人も日本人だったのだから、本来徴用も犯罪も分けて考えるべきではないのである。

朝鮮人がした犯罪だとしても、それは同時に日本人がした犯罪でもある。それを根源から取り締まることをせず、さらりと流してしまった日本国・日本軍・日本警察の罪は絶対に免罪符とはならない。

どうやら日本人は、時と場合、状況によって「日本人／朝鮮人」と明白に区別するのが最適であると間違った思い込みをしているようなので改めて言うことになるが、併合時は、皆日本人だったということを今一度思い起こすべきである。今は別々の国だから、で済む話ではないのである。

当時、日本人であった従軍慰安婦たちを日本は守りきることができなかった。日本はその罪を認めるべきである。そして、誤った認識をしっかりと訂正しなくてはならないのである。

しかしながら、今もなお日本政府に抗議を続けている元従軍慰安婦たちに対して、韓国政府及び韓国人には全く罪がないなどと言い切るつもりもない。自国の女性たちを自力で守ることさえできなかった、みっともなく、そして情けない弱小国家であった祖国の本当の姿を、韓国人自身、今一度見つめ直さなくてはいけないのである。

自分たちの力のなさゆえに生じた痛い過去に対して反省し、そうしてすべての罪を日本だけになすり付けるのではなく、当時の状況を生むこととなった自分たちの姿を思い返さなくてはならないはずである。

日本に何かを求めるのではなく、韓国が、嘘でも恵まれていたなどとは言えない時代に過酷な人生を強いられた女性たちにそれ相応の対処を取ってしかるべきなのである。と、私個人としてはそのように思うところではあるが、だが、日本ではやたらと従軍慰安婦を従軍「売春婦」として定義し、認識するという傾向が強いように見受けられることにもどかしさも感じてくる。なぜなら、感情諸々を抜きにして理屈に則って言うならば、従軍慰安婦であろうが従軍売春婦であろうが、日本に責任や罪がなくなるということは決してないからである。「売春婦」ならば日本に一切の罪はないというのは錯覚でしかない。

「ゆりかごから墓場まで」ではないが、この世に生を受けた赤ん坊が、年金生活へ突入して数年、七十年というこんなにも長い年月が経過した今も、従軍慰安婦だった女性たちは闘い続けているのである。

その闘いを日本がすっぱり終わりにさせてくれるか否かは、それは私が言えることではない。しかし、現在は「韓国人」でも、当時は「日本人」であったことを考えると日本がどうするべきかの答えは簡単に導き出されてくるように思えてならない。

謝罪する、しない。賠償する、しない。あるいは、他に最もいい「手立て」があるではないか。そのどれを選ぶにせよ、そういったことは、そのすべてが日本の勝手ではある。それでも「元日本人」に対して抱える日本の責任は、この先も永遠に切っても切れるはずはないのである。

「朝鮮系日本人」の犯罪により、人生を狂わされてしまった「朝鮮系日本人」に対して、日本は何をしてくれるのだろうか。何ができるのだろうか。そして、何をどうするべきなのか・・・。

最後になったが、これだけは付け加えておいた方が良さそうなので足しておくことにしようと思う。

日韓間の火種の一つである慰安婦問題において、韓国側は日本軍が多くの朝鮮人女性を強制的に連行して、性奴隷にしたと主張している。

これに対して、慰安婦の存在は認めるものの決して強制連行はなかったというのが、日本側の変わらない主張である。強制連行の「証拠」を求める日本に韓国が出せるのは元慰安婦たちの「証言」のみとなっているのが現状である。

このままでは、いつまで経ってもこの闘いは終わらない。

感情は論理には勝てない。論理に勝つには、更に強い論理で武装し、挑むしかないのである。ならば、このようなこう着状態の中で、韓国側が日本を論理的に攻撃できる唯一の「武器」が、私が述べた「日韓併合当時は、朝鮮人も皆日本人であった」という事実である。

これはあくまでも私自身が思ったことでしかないが、本書をきっかけに、あるいはいつか「それ」に気付いた韓国政府及び韓国民は当然その論理を武器にしてくることであろう。

万が一、韓国側がその「武器」を使ってきた場合、日本側はどうするべきであろうか。実は、日本側にもたった一つだけだが「武器」があるのである。それこそまさに最終兵器と言えるだろう。
日本の武器、それは・・・一九六五年の日韓基本条約。※それである。
このややこしく、しつこく、至極面倒くさい問題において、日本側の選択肢もまたそれしかないように思えてならない。
日韓の従軍慰安婦問題において、韓国側の「朝鮮系日本人慰安婦たちを様々な犯罪の手や被害から徹底的に守れなかった日本政府責任論」という名の最終兵器に対し、日本側は「日韓基本条約ですべて解決済み」という名のパトリオットミサイルでどう迎え撃つか。この長い戦いの結末は、結局この最終ラウンドの勝負に掛かっているのではなかろうか・・・。

※日韓基本条約

一九六五年に締結された日本と韓国の間で交わされた基本的国交関係についての条約。日韓併合条約などの無効を確認。韓国が南朝鮮における唯一の合法政府であることが確認された。この条約で日本の韓国に対する莫大な経済協力と、韓国の日本に対する請求権の放棄が決められた。この経済協力により朝鮮戦争で壊滅的な経済的打撃を受けた韓国が短期間で復興（漢江《ハンガン》の軌跡）したと言われる。

日本人が永遠に韓国人に許してもらえない理由

日本人は言う。

「日本は、政治家などの公人だけでなく、民間人でさえも、すでに何度も韓国に謝罪をしている。しかし、韓国はそれらの謝罪を跳ね除け、許そうとしない。韓国人は、日本人に心底反省し、きちんとした謝罪をするようにいつまでも要求し続けているが、それはただ単に日本人に頭を下げさせ続けたいだけなのではないだろうか。もしそうでないとするならば、日本人はどのような謝罪をすれば、このしつこく、嫌らしい謝罪要求が終わりになるのか逆に韓国人に問いかけたいものである」と。

更に日本人は言う。

「日本を代表する公人たちが勢揃いして韓国に出向き、韓国の公人に対面し、そしてマスメディアを目一杯利用して全韓国人が見守る中、土下座でもして、大粒の涙を流し、謝罪でもすれば韓国人は日本の謝罪を受け入れるとでも言うのだろうか。それくらいしなくては、謝罪したことにはならないのだろうか。

寛容な心というものを持たぬ韓国人に対して、日本はこの先も謝罪を繰り返さなくてはならないかと思うと苛立ちを覚える。

一体全体いつになったら韓国人は許すというのだろうか」と・・・。

●●●

必要以上に美容と健康に気を使っている私。と言っては語弊があるが、つまりは何が言いたいか、単純に「私は、フィットネスクラブの会員になっている」という、ただそれだけのことだ。

土地柄、おしゃれな感じの所ではない。ついでに言うならば、韓流スターばりの筋肉を手に入れたくて通っているわけでもない。運動器具の利用なんて、数える程度しかしたことがない。

どちらかと言うと、どちらかと言わなくても、高齢者在住率の高い所にある（巣鴨

ではない)そこは、おしゃれ感満載のフィットネスクラブではないせいか会員の八割方中高年が占めている。(金智羽による統計)

ちなみに、当然私もそちらの八割にしっかり入るわけだが、それでも、残り二割は若い世代の子たちだったりする。プール教室に通っている「本当に若い子」たちでないものの、見るからに二十代の人たちだ。

若手グループの二割の人たち、けっこう「謝罪」精神が身に付いていて、そういった場面に出くわす度に、「日本の教育の賜物なの? 何なの!?」って感心することが多々ある。「謝罪」だなんて、大袈裟以上に大袈裟なわけで、実際はもっと本当にお手軽な、言葉だけ同じなだけで、謝罪と言うのとは絶対に違うものではあるのだが・・・。

どう言うことかと言うと、ロッカールームで互いに少し避けてすれ違う時に「すみません」の一言があること。

サウナのドアを外側と内側とでちょうど同時に開けてしまった時にも、「すみません」。両耳にピアスをがっつり何個も付けている若者だって、カバンがわずかに「今、かすった? かすったの!? かすってないよね」の状況の時でも、「サーセン」だから。いや、こちらこそ「サーセン」だよ。すごいね、本当に。

こういうこと、私は日本で生活をする日々の中で何となく把握して、私も真似てみたりしている。今やコンビニで出入りが重なった人にでさえ「あ、すみません」なんて言っている。

「謝罪」という重々しい意味はなくとも、「すみません」のたった一言で、お互い気持ちがいいのは確かなことだ。もっとも、日本人にとっては普通のこと過ぎて、気持ちいいとかそういう感情さえも芽生えていないのかもしれないが、いいことだなと思う。そういう「小さい!」と思われるような「すみません」でも、ないよりはある方がいい。いや、本当にいいことだと思う。少なくとも韓国では、「すみません」は言わないし、聞かない。カバンがもろにぶつかっても素通りだ。お互い何も思わない。

日常でちょくちょく遭遇する、ともすると小さい「すみません」は、いいなと思う。私はそれ好きだなと思う。

でも、重い重い「すみません」はもっともっと慎重に、言うべき時にだけ言えばいいのではないだろうか?

日本人の「謝罪スキル」は折り紙付きだが、残念ながらその「高度な技」だって、一歩使い道を間違えると大やけどしかねない。

思い当たる節があるのではないだろうか？　絶対にあると思う。

重い重い謝罪は、見極めてから発するものなのに、何となく言ってしまったことがないだろうか。「あの問題」での謝罪も、その一種ではなかっただろうか。

もしかすると、日本人は、謝りたくて、謝りたくて、謝罪したくて、したくて、結果的に謝罪スキルの自慢かと疑いたくなる。

自己満足するためだけの、後先のことを何ら考えていない重い謝罪をしたことを、もっともっと後悔しろ。反省しろ。

●●●

「許す」とは、過ちを犯してしまった側が後悔し、反省し、そして謝罪してこそ「許される」という結果に繋がるものであると私は思っている。

真心なく謝罪されたところで、許す側としては何が何でも「許せない」という感情が生まれてしまうものではないだろうか。これを日韓に当てはめて考えてみると、日本人には不本意だろうが、「謝罪する側が日本」「許す側が韓国」ということになるのである。

日本人としては、度重なる謝罪に対して韓国が許さないことが「摩訶不思議」で仕方がないことだろう。日本の謝罪を受け入れ、許そうとしない韓国に強い怒りさえ感じる人も多いはずである。

すでに謝罪済みだと思う日本人、その程度の謝罪では許すことができない韓国人。その落差は相当なものなのだが、そもそも日本人は何に対して謝罪しているのかさえわからずに、ただ「とりあえず謝っておこう」としているのがバレバレである。なにゆえに謝罪するべきなのか疑問に感じたとしても、事が大きくならないように、何とか円満に解決できるようにとひとまず謝ってから、その後相手の顔色を窺っているのではないだろうか。そういうことだからこそ、韓国人は謝罪が足りぬと騒ぎ、そして日本人もいつまでも韓国人からの「誠意ある謝罪」要求に苛立ちを感じなくてはならないのである。

日韓間において謝罪の捉え方が大きく異なっている原因は、元々、謝罪する／謝罪される、のピントが両国で大幅にずれているからなのである。互いのピントが合っていないのでは、この先もピンぼけした今後しか写らない。

たとえ日本人に捏造《ねつぞう》だと言われようと、実際に「捏造の塊」であったとしても、韓国人は韓国人なりに自分たちでせっせと作り上げてきた歴史がある。そして、それを真実であると認識し切っている。代表的なことで言えば、「朝鮮は、日本の武力行使により植民地となり、世界に例のないほど極悪非道な扱いを受け、酷い目にあった」といった感じのものである。捏造だろうが、真実だろうが、それに対して日本に謝罪を求めているのである。まずこれが、韓国側が合わせたいピント。

しかし、日本からすると武力行使も植民地も、ましてや酷い目になんてことはその多くが捏造だ、と否定したいところである。それなのに日本はどうしたことか、韓国側が求めている謝罪の要点が掴めていないのにも関わらず、面倒なのか「とりあえず」の精神で謝罪してしまうのである。とりあえず、というのが、日本が合わせてきたピント。これではこの件が終わりになることはありえない。

日韓の歴史認識が非常に大きく異なる以上、日本側としても当然深い謝罪ができるわけがないのである。そして、韓国も許さない、というわけである。まさに悪循環の見本のようなものである。

韓国側は捏造であったとしても、一貫性を持って謝罪の理由を挙げている。しかし、日本側は、謝罪する意味もわからず適当に謝るので「謝罪問題」が尾を引き続けてしまうのである。

では、日本はどのような対応をすればいいのか。答えは二つに一つである。

現在日本が置かれている状況、すなわち韓国に謝罪と賠償を求め続けられて、ただただとりあえず謝り続けるというまるでＳＭのＭ（マゾヒスト）ばりにいたぶられるプレイにたまらない快感を感じ続けるのか。

あるいは、韓国の歴史捏造を改めさせるために努力し、訂正させ、謝罪する必要がないと思ったら謝罪要求には一切応じずに韓国を黙らせるか、である。

日本人の「その場しのぎで適当に謝っておけばいいや」の謝罪なら、韓国人は「その罪」（歴史）を許すことはない。ピンぼけが綺麗に修整できるかどうかは、日本の腕次第なのではないだろうか・・・。

韓国が日本の植民地ではなかった理由

日本人は言う。

「日本が朝鮮を植民地にしていなかったら、当時の朝鮮はいずれロシアか中国あたりの植民地となっていた可能性が高い。韓国人は、常日頃から日本の朝鮮植民地支配を批判しているが、植民地となった自分たちの無力さ、無能さこそを改めて思い返し、それこそ反省をするべきなのである。

日本の植民地支配が正当化されるべきことではないにしろ、日本の植民地となっていなかったら、今日における韓国の近代化は成しえなかったことであろう。

そのような肯定的な面から言っても、韓国は日本の植民地となったことを非難するだけでなく、きちんと評価するべきなのである」と。

違った感じでこんなことも言う。

「欧米列強による世界各地における植民地化が急速に進んでいた時代の中、決死の覚悟でそれに立ち向かった日本。しかし、いくら自己防衛のためとはいえ、自分たちの都合のみで他国である朝鮮を植民地としたのは、決して許されることではない。むしろ、それは歴史的に見ても罪である。

例えば日本がそうしなかったとしても、朝鮮は最終的には他国の植民地となる運命であったとしても、日本がそれをしたということの罪から逃れることはできない。

実際問題、日本が朝鮮を植民地とし、朝鮮人に多大な恐怖と苦痛を与えてしまったことは非常に残念なことではあるが、良心的な日本人であればそのことをきちんと認識し、韓国人に誠意を持って謝罪していかなくてはならないはずである」と・・・。

●●●

本当の話。

私は、「その人」の所作を見た時、ただただじっと固まるだけしかできなくて、それで、ただただずっと見続けてしまったのだ。

最寄り駅から地下鉄を一回乗り換えると、「そこ」がある駅に辿り着ける。割と近い。けっこう近い。もう何度目かだったから、間違えることもない。地味、と言っては失礼だが、案外普通の駅。外に出て、歩いてすぐのところに「そこ」はある。

靖国神社。

韓国人なら、その名を聞いて即座に顔をしかめる人が大多数だろう。お前は一体何をしに行くのだと。でも、私は行く。これからだって訪れるかもしれない。顔をしかめることもなく、むしろそれなりの身なりで、一度深呼吸をしてから行く。とは言っても、私に何か特別な目論見があってのことではない。

「郷に入っては郷に従え」だ。何度やってもスムーズにできないが、手水舎で一連の動作を終える。拝殿に行き、靖国神社に限ったことではないが、これまた何度やってもけっこう緊張するのだが、拝礼する。

私がやっぱりまだ若干緊張したまま立ち去る時、一人の女性とすれ違い、何となく互いに軽く会釈した。ぱっと見で八十歳はとうに過ぎているかな、という女性。向こうはこれから参拝。私のことなんか当然気にも留めていなかった。でも、私は会釈したこともあり、少し行ったところから軽く振り返って何となくその人を見てしまった。

私のそれとは比べ物にならない程すごく慣れていて、それでいてそのすべてがものすごく「美しい所作」だった。桜の花びらがひらひらと落ちていく一連の流れのように自然で、綺麗な動作をする人だった。ちなみに、ぜんぜん桜が咲く季節ではなかった。

失礼だとは思ったが見入ってしまった。美しい所作も私には「勉強」になると思えたから。もっと近くで見てみたい衝動に駆られつつ、他のものを見ている体を装った。怪しい私。

一連の動作を終えたその人は、拝殿をじっと見据え、しばし身動き一つ取らなかった。私も身動きが取れなくなっていた。

じっと拝殿を見つめ続けた後、その人は手に持っていた小さなバッグからハンカチを取り出し、ゆっくりと、そっと目元を拭っていた。ハンカチで目元を押さえては顔を真っ直ぐ正面に向け、そしてまたハンカチを…。何のために？　誰のために？　その人は、どんな思いで、その場所で涙を流したのか…。

無性に胸がキリキリと痛くなった。恋かな、とも思えなくもなかったが、たぶん違ったと思う。その人に、その人なりの歴史があるように、日本にも、そして韓国にもそれぞれの「歴史」がある。そこには、「偽りの歴史」も「真実の歴史」もある。

勘違いをするな。誤りを正せ。

最後にその人が涙した理由は私にはわからないし、知る権利もない。軽く会釈し合っただけで、連絡先の交換をしたわけでもないから、今後も一生知ることはできない。

私が勝手にその人の涙を捉えて胸が痛くなってしまっただけの話。私が想像した「おおよそのこと」は、もしかするとどんだ勘違いかもしれない・・・。

たくさんたくさん泣いて下さい。涙を流して下さい。それでも、その後にはそれ以上に笑って下さい。どうかご自愛下さい・・・。私が許可なく勝手に見てしまいましたが、大変美しい所作を見せて下さり、ありがとうございました。

●●●

※これはあくまでも私の見解だが、大日本帝国が朝鮮半島を植民地にしたという事実はない。韓国人が日本は朝鮮半島を「植民地」にしたと信じるのは致し方ないとしても、なぜか日本でも朝鮮が日本の「植民地」だったと信じ切っている人たちがいることに私は多少なりとも驚きを隠せない。

なぜなら、大韓帝国(朝鮮半島)は、日本の植民地になったという事実はないからである。

どこをどうほじくり返したところで、そのような事実は絶対に出てこないのである。日韓併合という事実のみが残るだけで、どんなにじっくり考えてみても、「植民地」という偽りの歴史はあり得ないのである・・・。

日本と韓国両国の間には、今までも、そして現在も、この先の未来へも尾を引くと容易に思われる問題が山積みとなっている。

そのような数々の問題の中で、最もややこしく、そしてわだかまりを否応なしに運び込んでくる問題が、朝鮮半島が「日本」であった三十五年間である。日帝三十五年、というものである。

この問題が過去、現在はすでに周知の通り、更には未来さえにも陰を落とすことは確実である。見方を変えるならば、三十五年間の認識を改めない限り、他の問題の解決もないと思われる。日本と韓国が抱える問題の多くが、この三十五年間の出来事に集中しているからである。最も大きな問題さえ解決できるのなら、その他の問題はおのずと解決へと導かれるはずである。

日本にとっても、そして韓国にとっても重く重くのしかかる三十五年という期間に一体何が起こったのか。どのような状況で、どのようなことが行われていたのか。人々は何を考え、何をしていたのか。その間の「真実」をしかと見極め、認識の甘さをひしひしと痛感するべき時に来ているのである。

今までも実に多くの議論がなされて来たが、結局「総括」にまでは至っていない。だからこそ、今でさえも「植民地」と認識している人たちがいるのである。

ほとんどの韓国人は、断言してもいいが日帝三十五年間の歴史をできることならすべて消し去ってしまいたいと思っている。

韓国人の認識としては、この「植民地支配」の三十五年は、自分たちの歴史上、最も屈辱的なものであったと信じて疑わない。疑うという言葉さえ口から出ることはないのである。その爆発しそうな、いや、すでに轟々と憎しみの炎を吐き出し爆発を続けている怒りの矛先が、日本へと向かうのは自然の流れである。自分たちの大切な国を汚された歴史、それが三十五年なのである。

どんな手を使ってでも、それがたとえ歴史的事実ではありえない向きへと歪曲したとしても、できることなら綺麗さっぱりなかったことにしてしまいたいと思っているのである。

もっとも、日帝時代の本当の姿を知らない世代にとっては、歪曲しているということさえ気付かないでいるのが残念でならない。しかも、本当の姿を知っている人たちでさえ、一緒になって歪曲路線を突き進んでいるのだから手に負えないものである。何とも悲しき現実とはこういうことを言うのではないだろうか。そのように、日韓が併合していた三十五年間は、韓国人にとっては消してしまいたい時代である。それにも関わらず、完全に矛盾しているが、なぜあえて今の時代にまでとことんこだわり続けているのか。

まるで、問題解決への道を探るのではなく、問題未解決へより一層力を注いでいるようでもある。

それは、政治的な目的を持ってして、国そのものが反日策を徹底して取り続けているからに他ならない。韓国国民は、「植民地にされたかわいそうな韓国」という壮大なテーマの下で踊らされているだけなのである。

日本人は、「その時」をどのように捉えているのだろうか。

いろいろな人のさまざまな意見が活発に発せられることのない今だに言論の自由が

ない〉韓国と比べ、日本は自由である。いろいろな人たちが多方面から違った見方をすることができ、また発表することもできるはずである。

そんな中で、ほんとうにわかっているかは別にして「良心的日本人」を自認する人たちは、明らかに自分たちに非があったかのような思いでいるはずである。朝鮮半島に対して、そして朝鮮人に対して今も心を痛めているのかもしれない、いや痛めているふりをしているかもしれない。

その当時、国力の弱かった朝鮮人が口出しできないのをいいことに、すでに発展していた自分たち(日本人)の意見のみを押し付け、朝鮮半島を植民地とした。そして、それはどんなにいい様に捉えたとしても、してはいけないことであり、ひどいことだったのではなかろうか。韓国人の言い分も十分わかるところである。絶対に日本人が悪くなかったとは言えない。と、良心的な日本人はそのようなことを思っているのではないだろうか。ありがたや、ありがたや。

「良心的な日本人」という名札を貼り付け、韓国各地を回り日本の朝鮮植民地支配に関して土下座をしてまで謝罪を繰り返すという韓国人にとっては何とも頼もしいパフォーマンスをしている反日日本人もいた。いや今もいる(どこかのA新聞社のように)。

しかし、上記のパフォーマーはもちろんのこと、絵に描いたような良心的日本人であったとしても、あるいはそうではない日本人であったとしても、ある事実に気付いていない。それは、そもそも韓国は日本の「植民地」ではなかったという事実である。

植民地にされたと血眼になって騒いでいる韓国人もそうだが、朝鮮を植民地としたと鼻息を荒げている日本人も、そして朝鮮を植民地にして申し訳なかったと控え目に言っている日本人でさえも、間違っているのである。色々な見解があるだろうが私は「植民地」とは言ってはならないと思う。植民地ではなかったのに「植民地」と言うのはおかしいとだけ言っておこう。

韓国人も、日本人も、日韓併合三十五年間を、何の抵抗もなく植民地だの、植民地支配だのといった言葉を使い、普通に口を付き、ついつい使いがちだが、その使い方と、使うところは違うのである。

過去の歴史上、欧米諸国は世界のあちこちの国々を植民地とした。その時こそ「植民地」という言葉がぴたりと当てはまるものである。

他国の原住民たちを、人種的にも、血統的にも、身分的にもすべての面においてきつちりと区別し、徹底的に差別しながらその地を侵略したのである。

植民地とした地で、原住民たちを大量虐殺したり、奴隷扱いしたり、奪った土地に移住し、原住民たちのためではなく、「自分たちのためだけに」生活を向上させようとインフラを整備したりしたのである。

そのすべてを支配し、国を、土地を、人々さえも乗っ取るということが、植民地政策であり、植民地支配と言うのではないだろうか。

欧米諸国の植民地となった国々を見ると、植民地という定義は明らかとなる。

欧米列強の国々は、自国民と植民地となった国の現地人とを徹底して差別化し、人間以下の奴隷扱いをしたではないか。

植民地にした国の者、植民地とされた国の者、この間において結婚はおろか、恋愛さえも禁じていた国もあった。トイレや食堂、バスに電車、公共の施設の利用においても自国民と原住民とを区別、差別化して利用させていた国もあったのである。

学業も共に学ばせない。住む場所さえも区別する。場合によっては、同じ人間とさえ見なされることもなかった。これこそ植民地支配である。

これらの事実を踏まえた上で、今もなお日韓併合三十五年が植民地だったと言えるのだろうか。過去、日本が欧米と肩を並べるようなことをしていたのだろうか。そうだと何の恥じらいもなく言い切れる人のみ、日帝三十五年を植民地支配であったと言うべきである。

もし、日本という国が、欧米が行ってきたそれとは同じことをした事実はないと認識しているのなら、今後は一切植民地だの植民地支配だと言って日韓併合三十五年を捉えないで欲しいものである。そう認識できるのなら、植民地という言葉は出てくるはずがないのである。

身内かわいさの贔屓が出てしまうようだが、韓国人が「植民地」であったと認識するのは仕方がない。日帝時代は、酷いものだった、残酷な植民地支配を受けたのだ、と幼少の頃から受け続けてきた反日教育により完全に洗脳されてしまっているからである。言わば、韓国国民は、無知ゆえに政治的目的のために韓国民を洗脳支配する「大韓民国」政府のいちばんの被害者でもあるのである。

以上が韓国人が植民地と言ってしまってしょうがないと思う点である。しかし、日本人の口から植民地だの、朝鮮を植民地支配して日本は悪いことをしただのということは聞きたくない。

朝鮮半島が日本の植民地であったと言う日本人は、「植民地」本来の形態を知らない人か、あるいは「朝鮮半島は植民地ではなかった」ということを正確に認識することもなく、あっさりと事実でもないことを認めてしまうという困った心理状態を持つ人かのどちらかなのだろう。後者は、「植民地にして発展してやった」という上から目線で物を言う思いと、それとは裏腹に申しわけなかったと自ら落ち込むという思いが複雑に入り混じった日本人の錯綜した精神状態をあらわしているのである。

日韓併合時代は完全に誤解が誤解を生み、誤解されまくっているのである。植民地という時代でもなければ、朝鮮人は奴隷にもされていない。ただ、世界でも例のない「特殊」な関係であったということは確かである。植民地支配とははっきりと違い、異なった形での国と国との併合の時代であったのである。

それでもなお、日本と韓国を「植民地にした国／された国」と位置付けることができるのだろうか…。

※韓国は日本の植民地だったのか否か

現在、この問題にたいしては様々な解釈がある。「韓国は合法的に併合されたのであるから植民地ではない」「合法的だろうが、非合法だろうが、植民地には変わりない、合法とは強者の言い分、手続きにしかすぎない」「対等合併と言いながら内地・日本国と外地・朝鮮では法律が異なり決して平等ではなかった」「イギリス、フランス、アメリカのように他国の富を略奪するのが植民地化だが、日本の朝鮮併合は決して略奪とは言えない」「〈植民地〉の定義を明確にして、判断しなければ混乱するだけだ」等の意見があるが、その正否は曖昧なまま議論が続けられている。近現代においては、本国政府の憲法や諸法令が原則として施行されず、本国と異なる法的地位にあり、本国に従属する領土を植民地というのが一般的である。

第二章
竹島問題から見えてくる日本人の臆病で無能な恥部を暴く

日本人は竹島を自国の領土とうっかり思い込んではならない理由

日本人は言う。

「竹島は、はるか昔から日本国固有の領土である。そのことに疑いを持つこと自体間違っていることであり、当然韓国側の主張は聞くに堪えがたいものがある。許しがたいことに、戦後、韓国に不当に奪われたのである。日本は竹島を島根県に編入し、日本領であることを再認識、再確認すると同時に韓国側に抗議を続けているが、その韓国側の対応には呆れてものが言えない。歴史的観点から見ても、国際法的観点から見ても、竹島が日本領土であることはわかり切った事実である」と。

こんな事も言う。

「日本に古くから実在する多くの文献、地図等が示す通り、竹島が日本領土であることは立証されている。動かしようのない確実な根拠を韓国人に突きつけるべきである。豊富な史的資料に基づき冷静に検証しても、竹島が日本の領土であることに疑問の余地は一切ない」と・・・。

●●●

腕時計が止まった。使用期間から判断するに単なる電池切れ。

「時が止まったまま」の時計は物悲しい。と、そんな詩的なことを思う間もなく、やはりただ単に不便なだけなので電池交換をしに行くことにした。

以前電池交換をしてもらった眼鏡屋兼時計屋が休みだったため、腕時計のイラストと「電池交換できます」の文字が目に付いた質屋に持ち込んだ。

店のショーウィンドーには、カメラやビデオ、ブランド物の時計やアクセサリーがすっきりと並べられていた。

少し薄暗い店内に入ってちょっと驚いた。店内の品々、質屋というよりも、楽器専門店と見紛うような質屋だった。

一見すると「ええ、若い頃からオーケストラの一員です」という風貌の店主に電池交換を頼んで、その間に店内を物色。お宝探し。

少しした後、店主は奥の小部屋から電池交換を終えた腕時計を布が貼ってあるケースに入れて両手で大切そうに運んで来てくれた。そして確認。おかえり、私の腕時計。復活おめでとう。

オーケストラ店主は、私に復活した腕時計を渡す際に、「また新しい素敵な時を刻んで下さいね」と気の利いた一言を添えた。途端に私の頭の中はクラシックが流れまくり。そんなことをさらりと言ってしまうあなたの方が素敵。それでも、そんな素敵なセリフを言われて若干気恥ずかしさがあった私は、「これ、左利き用のフェンダーですね」などと、さして知りもしないくせに何となく話を他に振ってしまった。そして私、右利きだったりする。

日本人はもう見つけたのだろうか。「お宝」だと信じたい「宝」を。

質屋にあるといいな。でも、それはないと思う。万が一あったとしても、それはどうなんだろうな・・・。

自分たちにとっては「お宝発見！　これこそ宝！」と思えるような物でも、案外実はそうでもない可能性もありきだ。

何でもかんでも宝とするな。何が宝であるのか見極めろ。

●●●

竹島は日本領土なのか、はたまた独島《ドクド》は韓国領土であるのか。

「竹島が韓国領土？　馬鹿なことを言っちゃいかん！」と、血相を変えて怒り出す日本人もいることだろう。しかし、血相を変えて怒り出したいのは何も日本人だけではない。韓国人も「独島は日本領土」という日本側の主張に対して血相を変えている。もっとも、韓国人の場合は、怒り出すより先にすでに相当「怒っている」のである。

日韓両国が互いに領土権を主張している竹島（独島）だが、どうにもこうにも解決の糸口が見つからず未解決のままである。さて、どうしたものか・・・。

日韓両国が仲良く同じことをしている。歴史的事実を実証するべく必死に「お宝」集めに奔走しているのである。お宝とは、古い地図、資料、文献などである。どちらの国の人間が、少しでも早く現場を押さえていたかを明白にするためにお宝をかき集めているのである。それはそれでご苦労様なことである。

しかし、そのようなお宝は、案外大したことのない宝であったりもする。ともすると、現在の状況からすると、宝のうちにも入らないのかもしれない。それらは、竹島(独島)の「オーナー」を決定付けるための証拠とはならないのである。

日韓双方が目を向けるべき「お宝」は、そのものずばり太平洋戦争の勝者であるアメリカ率いる連合軍と日本との間で一九五二年結ばれた「日本国との平和条約」(以後、サンフランシスコ条約※と記載する)である。

その条約が示す戦後日本の領土に、はたして竹島が含まれているか否か、ということが最も重要なのである。

竹島＝日本領土、独島＝韓国領土、日韓どちらの国に属するのかを決めるにおいての最重要ポイントがそこに隠されているのである。この問題において効力を発揮するのは、過去のあれこれではない。最新の出来事の結果にこそ注目すべきなのである。それこそ、戦争の結果だったり、協定の取り決めだったりするのである。

例えば、香港は、今は中国、その前はイギリス、そのまた前はまたしても中国であったし、グアムも現在でこそアメリカ領だが、過去に日本領だったこともある。その前はどうだったのだろうか。つまり、すべては最新のものが決定打となるのである。

昔々と昔にばかり遡っていては、ややこしくてたまらない。そのややこしさから解放されるためには、過去を必死に掘り返すのではなく、いちばん新しい結果で判断することこそ望ましいのである。

今もなお、日韓両国の間にふてぶてしく横たわる竹島（独島）問題の核心がその条約にあることを、残念ながら日本側も韓国側も見落としてしまっているのである。

韓国人はもちろんだが、「竹島は日本の領土」などと鼻息を荒げて言い張る日本人に限って、その核心とやらに全く気が付いていないようである。もしくは、気付いていながら、痛いところを突かれては困るとばかりに知らない振りをしているだけなのだろうか・・・。

※サンフランシスコ講和条約
一九五一年（昭和二十六年）にサンフランシスコで調印された平和条約。第二次大戦の終結、国交回復のために日本が旧連合国四十八カ国と結んだ。日本の首席全権は吉田茂首相。翌年発効される。連合国による占領は終わり日本は名実ともに独立国としての主権を回復した。

竹島が日本の領土に属さない至極簡単な理由

日本人は言う。

「国際法、そして常識をも完全に無視し、昭和二十七年（一九五二年）「李承晩ライン」と呼ばれる韓国大統領による一方的な海洋主権宣言がなされ、その後このラインの廃止まで韓国は竹島周辺海域に近付いた日本漁船を拿捕し続けた。

結局のところ、海洋資源保護のためでも何でもなく、竹島の領土権主張のためのものであったのである。韓国の勝手極まりない愚行は、犯罪行為と言い切れるだけのものである」と。

まだまだ言う。

「韓国は、日本の植民地支配によって竹島が奪われたと言って騒いでいるが、そのような事実はなく、そんなことは全くのデタラメでとんでもない言い分でしかない。

そもそも、大昔より日本の領土である竹島を、韓国側は不法かつ不当に奪ったのである。即座に現在の不法占拠を止め、本来の領土権を持つ日本に返さなければならない」と・・・。

●●●

追い越したいのに追い越せない。人がすれ違うには少々ぎりぎり感のある狭い路地裏。私の数メートル先に女子高生と思われる子たちが二人。そのうち一人は自転車を押している。その狭い路地裏をもくもくと歩んで来た私だが、先を歩く彼女たちのすぐ後ろまで来てしまったからといって今更戻るわけにはいかない。私はその方向に行きたい。しかし、二人が少しずれた形で横にほぼ並んで歩いているという状況、更に自転車。自転車ですよ。絶対に追い越しが無理な追い詰められた状況。楽しそうにおしゃべりしている二人は、私が後ろに「潜んで」いることすら気付いていない。更なる悪状況だがここは我慢あるのみ。我慢の行脚。

後ろにぴったりついて歩くのなんて失礼なので、少々距離を空けて歩いているつもりだったが、それでも聞き耳を立てずとも、彼女たちのおしゃべりは聞こえてくる。

一人が、歩きながら食べていたチョコだかグミだか、何だかはわからないが、それを口にする前にクイズらしきものをもう一人に出していた。

「これはどこにいくでしょうか?」と。何だ、そのクイズ。何なんだ、そのクイズは?もしかすると、これはもしかするとひょっとすると、まさかまさかの哲学的なことを言ってしまうクイズ?それとも、宗教的なことか?女子高生を前にして歩く速度が速くなってしまいそうだった。

まさか、自分たちの後ろを歩くオッサンが、司会者、回答者双方の知らぬ間に、勝手にクイズに参加しているなんて思いもしないだろう。前だけではなく後ろにも今後は気をつけよう。

回答者側の女子校生が、「何それ」なんて言ってる間に、早くも答えが。私がボタンを押す時間は?そんなものは最初からない。

「正解は胃でした」だって。終了。

「当たり前!」なんて言いながら、二人とも本当に楽しそうに笑いながら「箸が転んでも・・・」なんてことわざの通り、傍から見たら何がそんなに笑いのツボなのか全くわからないようなことで、キャッキャ、キャッキャ笑っていた。なんて平和なんだよ、この平和っ子たちめ。

クイズの答えは、哲学的なことでも、宗教的なことでもなかった。でも、そのクイズ、ある意味すごく重要なことを教えてくれたような気もする。

悩むことなどないのだ。複雑に考えることもない。シンプルに、シンプルに、簡素に受け止め、考えればいい。

大人になればなるほど、ありとあらゆることを複雑に考えてしまう。ひねり過ぎ。もっと単純に捉えれば楽になれるのではないか?

シンプルに考えろ。いっそ一度無の境地に陥ってしまえ。

●　●　●

日本が日本なりに証拠文献などを集め、竹島を自国領土であると主張しているように、韓国も韓国なりに「独島」の領土権を主張している。両国共に自分の国の領土であるという認識を持っているのである。島は一つしかないが、その主人と名乗る国は少なくとも「日本」「韓国」と二国あるわけである。二国だけでもここまで長引き、揉めに揉めているだけに、できればこの二国以外の国が今後竹島の領土権を主張してこないことを願いたいものである・・・。

日本が集めた「お宝」、韓国が集めた「お宝」、歴史的な事実を明らかにするそのような資料等も確かに必要なのかもしれない。しかし、そういうことは日韓両国が同じ場において顔を突き合わせて初めて利用価値のあるものとなってくるのである。

それはつまり、国際裁判所という場で両国が向き合った時である。それが現実となるまでは、歴史的な事実はさして重要ではない。

古いものより新しいもの。昔々の大昔の歴史的事実よりも、最新で決定された事実にこそ目を向けるべきである。すなわち、最も新しい出来事でどのように決定付けられたのかで判断するべきなのである。

日本では、第二次世界大戦終結までは、竹島を日本が実効支配していたとガッツポーズをしているようだが、ではその後はどうなったのだろうか。その肝心なことを私は知りたい。第二次世界大戦終結「まで」ではなく、「それから先」のことである。

竹島は、「その後」どちらの国の領土であると明白に決定したのだろうか。

昭和二十六年（一九五一年）サンフランシスコにおいて取り交わされたサンフランシスコ条約に答えが隠されているはずである。竹島の領土権問題に関して遡っていくと、その条約がより最新のものとなるのである。

その結果はどういうものだったのか。

日本人は、「（条約で）竹島は日本の領土であると正式に決まった」と、目を逸らすことなく言い切ることなんてまさかできないだろう。胸を張ってそれを言えるのだとしたら、ある意味「勇者」に認定である。

第一次から第五次平和条約草案作成時まで、竹島（独島）は朝鮮領とされていた。その間に、草案は変更、修正があったものの、竹島（独島）に関しては朝鮮領のままとなったのである。

しかし、第六次草案作成時、領土条項に日本が保持する島に竹島が急遽「参加」することとなった。何か臭ってくるような気がしてならない。少なくとも、私は臭みを感じずにはいられない。

第六次草案前に、日本側は駐日政治顧問ウイリアム・J・シーボルトへ竹島を日本領とするという形でのロビー活動を行ったのではないのだろうか。もっとも、あくまでも私の嗅覚による見解でしかないのだが、シーボルトが「駐日政治顧問」だったということが、更に臭みを強める。

意見書が出された約一ヵ月後の第六次草案では、今まで朝鮮領であった竹島が手の平を返すかのごとく、コロッと日本領へと変更された。

それからも草案は手直しがされたが、どの国のどんな思惑からかはわからないが、なぜだか竹島に関する記載がなくなってしまったのである。さりげなく草案から消えてしまったのである。どちらの領土と明記するまでもなく、「記載なし」となってしまったのである。

平和条約が発効された時、日韓(日朝)そのどちらの国も領土権を主張できるという非常にあいまいなものとなってしまったのである。竹島の「主人」はどちらの国なのかというはっきりとした決定がなされなかったのである。すべてはウヤムヤ、闇の中へ・・・。

条約の中において、竹島(独島)は日本領土と明記されなかったのはもちろん、韓国領土とも明記されなかったのである。これでは、日本のみならず、韓国でさえも「うちのだ、うちのだ!」と言いたくなるのも当然のことである。

条約の「中途半端さ」が、後々ここまで問題になるなどと、その当時、どの国のどこの誰が予測できたことだろうか・・・。

無条件降伏した敗戦国に竹島領有権を主張する権利はない理由

日本人は言う。

「竹島は、歴史的事実と照らし合わせてみても、そして国際法上からみても明らかに日本の領土である。そのことをすべての日本国民がきちんと認識し、不法占拠を続ける韓国に対して国を挙げて強い抗議をするべきである。それに加え、現状の間違いを全世界に向けてもっと積極的に知らしめ、日本の主張をしっかりと世に広めなくてはならない」と。

他にも言う。

「国際法に則って日本の竹島所有は認められているにも関わらず、韓国はぬけぬけと不法占拠を続けている。厚かましいにも程がある。

国際社会においてのルールや常識から完全に遠のいた行動を取る韓国のやり方は、卑劣な民族であることを改めて認識するに足りるものである。

韓国側の挑発的な行動は、ともすると戦争にまで発展しかねない状況を作っているのである。そのような非常に危険な行動に対して、日本人は危機感を強め、どうするべきか真剣に考えるべきである」と・・・。

●●●

人と犬。

車の行き来もあったし、少し遠目だったので、その女性がいくつくらいかはわからなかった。ただ、割と小柄な女性であったことは間違いない。

「抱擁」。まさに抱擁していた。片側二車線の道路を挟んだところで、抱擁し合っていた。

その女性と、ゴールデン・レトリバー、本当に「抱擁」し合っていたのだ。

ある店から出た私が通りを挟んで目にした時、まだ抱擁の前だった。散歩中と思われるその光景が目に入ってすぐ、それを見た。人と犬との抱擁。

少し前を行く大きなレトリバーが急に止まったかと思ったら、飼い主の女性と正面を向き合い、その直後に例の「抱擁」ときた。

小柄な女性、そして肉付きの良さそうな大きなレトリバー。人と人とのそれを彷彿とさせるような抱擁であった。女性は犬の背中にしっかりと手を回し、犬もまた女性にしがみついていた。それを「抱擁」と言わずに何と言う？ そこにあるのは、絶対的な「信頼感」。そしてその後に必ず付いてくるであろう「安心感」。素敵な光景だった。歳のせいかな、なぜだか少しウルッとなりかけた。それくらい、なんだかじーんとくる抱擁シーンだったのだ。


犬の主人はその女性であり、犬もまたそれを十分に知っているからこその抱擁だったと思いたい。そう思うと、「主人」が誰なのかもわからぬまま、「いいようにされている」竹島はかわいそうだと思う。

いや、「主人」は誰なのかわかっているのだ。だがしかし、そこには「信頼感」も安心感もあったものではない。そこにあるのは、悩みの種のみ。憎しみ、悔しさ、愚かさ。

日韓が抱擁し合うなんてことはない。ありえない。主人に返り咲きたい日本。現状主人と化している韓国。

どうしてこんな状況になっているのか。日本人はきちんと考えてみたことがあるのか？　本当に、本当に「主人」に戻りたいのか？　本気でそう思っているのだろうか？　だったら、起き上がってこい。その前に目を覚ませ。

●●●

あの日、あの時、あの場所で、そしてあの条約の中で竹島の「本当の主人」が明文化されていたならと思うと、やはり消化不良となってしまった結果（日韓どちらの領土であると明白に記載されなかった）を残念に思う。

しかし、現実として明文化されなかった以上、日本だけでなく、韓国側も自国領土であると思わず主張してしまう切ない気持ちも理解して欲しいものである。

そもそも、連合軍が竹島の領土主権を決めるということに無理があったのである。

本来、竹島を巡る歴史的事実、綿密な調査や徹底的な分析、地理や通名などの検証が行われた上で決めるべきはずであったのに、言わば第三者である連合軍がその領土主権をどちらの国とするべきかを判断しなくてはならない状況であったのである。

そのような決め方では、適当に、あるいはまさかと思うが何となく勘で決められたようにしか考えられない。

その証拠に、具体的細部を知らぬまま決議を行おうとしたから草案の中で竹島（独島）領土主権も決定したかと思いきや、ボールが転がるかのごとくコロっと変わってしまったのである。朝鮮領が続き、続き、続き、一転して日本領に。その後記載なしとは何ともお粗末である。草案の最後の方にきて日本領となったのは、日本のロビー活動の成果であったと私は思うのだが、しかし、その成果さえも最終的には覆される結果となってしまったのである。

日本の頑張りは水の泡となってしまったということである。

すべてを決定するのは、勝者の最大の権利であった。

日本の敗戦、つまりは日本であった朝鮮も敗戦となるわけだが、それにより朝鮮（韓国）は自分たちの意思がどうであれ日本から独立することとなった。それさえも、戦勝国の決定を素直に飲み込むより他に選択肢はなかったのである。

竹島(独島)もしかり。戦勝国が決めた最後の決定に従い、飲み込むのみ。これが現実であり、国際秩序なのである。

「竹島は昔から日本領だったので、これからも是非日本領に！」という日本側の熱き思いも、当時「敗戦国」というレッテルが貼られていた以上、「戦勝国」のプラカードを持つ連合軍の前では聞き流されてしまったのである。もはや、敗者には返す言葉もなかったのではなかろうか…。

竹島(独島)紛争において日本の勝算がゼロに近い理由

日本人は言う。

「日本国の領土である竹島を、韓国が不当に侵略している現在の危機的状況を日本国民は真摯に受け止め、危惧しなければならない。韓国に対して、強硬な姿勢で立ち向かわなければ、現状のまま韓国に竹島を奪われてしまう」と。

もっと言う。

「国際法を一切無視した挙句、他国の領土を侵略し、不法占拠という犯罪行為を続けている限り、韓国という国は世界の国々から非難の対象とされることだろう。そして、愚かな行為をし続けている韓国は、他国から多いに笑い者扱いされるだろう。

国際法さえ守れず、国際的な犯罪行為を何食わぬ顔で犯すような国は、後々国際社会から孤立し、悲惨な運命を辿るしかない。韓国の竹島を巡る一連の行為は、最終的には自らの首を自ら絞めるような最悪の結果を招くこととなる」と・・・。

●●●

おもしろい光景を見た。

都内のとあるファミレスでのこと。私の隣の席に来たファミリーのことだ。母親が、まだ小学校にあがる前くらいの子に、かなり懸命に英語で話し掛けていた。もろ「教科書英語」で、それはもうどんどん英語を使う、使う。それで、子供はどうかというと「ママ、わからないよ、日本語で言って!」だって。私、笑ってもよかったのかもしれないけれど、堪えた。

「ママの英語」がわからなかったのか、英語そのものがわからなかったのかは定かではないが、メシ時までもとは、どこの国でも子供も楽ばかりではないなと思った。

小学校からの英語授業も始まり、近年今まで以上にますます英語教育熱が高まっている感のある日本。その「英語ママ」も、子供が小さいうちから英語に慣れ親しんでもらおうとか、単純に英語を学ばせたい、ということだったのだろう。すでにバリバリの国際化社会だし、社内公用語が英語などという会社もあるくらいだ。大いにけっこうな話だと思う。

「学び」も大事だって、私にだって十二分にわかる。ただ、最初なんだかおもしろおかしく思ったその光景も、後からちょっと切なくなってきた。

なぜか？　その子供、けっこう痩せていたのだ。たぶん単なる痩せ型の子だったというだけかもしれないけど、地黒と思われる肌の色に加え、襟元がけっこう悲しい感じによれっとした長袖Tシャツを着てて、まだ多くのことを知らない子供なのにやたらと哀愁をビシビシ感じさせる子だった。

そして、私へのとどめの一撃は、お子様プレートが運ばれて来たのとほぼ同時に、「わぁ！　ご飯だぁ！」って歓喜の雄叫びを上げ、昼時の牛丼屋のサラリーマンでさえも目を見張る早業でがっついたことだった。痛いっ。ものすごく胸が痛い・・・。

同一人物の「小さいうちから英語学習をしているボク」と、「ご飯目掛けて一目散のボク」に、こちらは完敗。私が勝手に「切ない事例」にしてしまっただけだが、それでも、私は素直に思った。英語学習なんてどうでもいい。もっとメシを食わせてやれ。英語を身に付けさせる前に、体に肉を付けてやれよ、と。はいよ、全くもって大きなお世話。しかしだ、戦中でもない今、あのがっつき振りを見たら、そう思うなという方が無理だ。少なくとも私には絶対に無理だ。

思い出して切なくなり過ぎたから、私がここ一週間程度の間で使った英語を思い出してみた。あった、あった。あったんです。英語学習サイコー。

品川でスロバキア人に入管行きのバス停を聞かれたこと。それともうひとつは洋モノのＡＶを観た時だ。ほらね、そんなものだって。

日本人は、もっと他にも勉強しなくてはならないことがあるのではないか？　それは、子供に英語学習をさせるなとかそう言う意地悪な意味ではない。子供に何を学ばせようとも各家庭の教育方針だから私が口を挟む権利なんてたったの０．１ミリだってない。しかし、その親世代はすでに「大人」であるはずだ。ならば、自分たちももっと学習しろと言いたい。

日本人であるということ、つまりは、日本という国の一国民であるということを。がっちがちの「愛国者」になれなんて一言も提案していない。そんなものは、ウ○コでも食ってろという話。と、言葉が過ぎたようだ。失礼。言い方を変える。

コテコテの「愛国者」なんてクソ食らえ、ということだ。

だけど、「ただの国民の一人に過ぎない」から、「国民の一人である意識」を学んでみるのも悪くはないはず。日本のこと、今、日本という国が置かれている現実を知らなくして、何をどう生きていくおつもりなのでしょうか？ 子世代に何を学ばせるご予定なのでしょうか？

海外、海外、海外、海外って、海の外に目を向けるのも大層いいことだ。でもその前に、先に学ぶべきことを思い起こせ。韓国人の私が言うのはおこがましいが日本についてしっかり学べ。

●●●

敗戦により、日本が自国の領土を防衛（確保）できる能力や意思、発言が限られていたという困難な状況の中で、日本の弱点を突くかのように韓国はどさくさに紛れて竹島（独島）を自分の国の領土と宣言した。

サンフランシスコ条約という合法的な方法で竹島（独島）問題に白黒を付けようとした日本の合理的対応を嘲笑うかのごとく、その混乱の最中、韓国は独島（竹島）という地に太極旗(韓国国旗)を差し込み、武器類を設置し、最終的に「独島は我が地」と声高に叫んだ。

そのような行為は、国際法上決して許されるものではなく、又、認められるような領土主張とは異なり、盗賊行為と言っても過言ではない。

と、日本人は上記のようなことを主張してみたり、思っているようだが、もし本気でそのように思うのなら、他に考えるべきこと、思うべきことがあるのではなかろうか。確かに韓国は責められて当然の行為をやっちまったことに間違いはない。しかし、韓国を責めるのみでなく、時には我が身を振り返って考えてみるということが日本人には必要なのではないか・・・。

この問題において私が最も驚くのは、日本のその姿勢である。

不法占拠、実質支配という卑劣な行動に打って出た韓国に対して、日本はどのような姿勢を貫いてきたのだろうか。

誰が見ても不法で異常な状況を、日本は何と数十年という長い年月に渡って知らん振りをして来たのである。それが日本の姿勢。その状況を考えたり、思い返したりした上で、それから改めて韓国のことを責め直してみて欲しいものである。

確かに、当時の日本政府にはソビエト連邦という軍事的脅威があり、それとともに北方領土問題がクローズ・アップされていたことと、何よりも国家としての経済成長の方に重点を置いていたことで竹島問題が霞み、先送りされる傾向にあったことは推測できる。

ただ、そのような状況にあったとしても韓国に対して、過去に日本がしたことと言えばせいぜい蚊の鳴くような声での抗議くらいである。しかも、その蚊は、どうやら朝鮮半島までは到達していない。日本海(東海)途中で、半島まで辿り着くことをすっかり諦めてしまったのである。

痛々しいまでに情けなく、そして臆病者、更には弱々しく、何の対応も取ることができない無能な自分たちの真の姿を知るべきなのだ。韓国を非難するよりまず先に、そんな「本当の部分」を見つめ直さなくてはいけないのである。

条約において竹島の領土権があいまいとなり、主人不在となっている今、それにも関わらず現在は韓国が占拠しているというのが現実である。

明らかに国際社会の秩序を完全に無視した行為に対して、十分過ぎるほどの名分を持っているのは日本であるのに、その不法行為に全くもって対処できないでいる自分たちの「先送り体質」を今一度認識し、反省しなくてはならないはずである。卑劣でずる賢く、チャンスとあらば狙った獲物は必ず「盗り」に出る韓国よりも、純朴でボケーっとしている愚かな傍観主義者の日本政府の姿勢に怒りを覚えなければ、日本に「竹島奪還」の希望はこれっぽっちもない。

それとも、このままお得意の「事なかれ主義」を通すつもりなのだろうか。

ありえない話ではあるが、もし、もしもこの問題において、両国が全く逆の立場だったら、と考えてみたことがある。

韓国はどうするか。

日本が独島(竹島)を不法占拠しているようだったら、韓国人の国民性上、非常に恐ろしいことに戦争が勃発することだろう。戦争などと思うだろうが、不法占拠された側にはそれくらいの大義名分があるのである。勝つか負けるかなんて冷静に考えない。そんなことは後の話。間違いなく戦争という最後の手段をしかけに行くはずである。

韓国だけでなく、それは他のどの国においても同じだと考えられる。

どちらのものでもなく、そしてそのどちらもが領土権を主張している中で、不法に占拠するという大胆不敵なことをされたとしても、「ずるいな」と思うのみで、指をくわえて遠目から眺めているだけなのはおそらく日本人しかいない。

現状の「ぐだぐだ」のままでは、一向に竹島（独島）問題「解決」への道筋は見えてくるわけがないのである。非現実的だが、もはや戦争という最悪の道を辿ってまでこの問題を解決へと導くしかないのだろうか。

しかし、もっと最悪なのは、日韓間において万が一「竹島（独島）戦争」なるものが勃発し、韓国が負けたとしても、恐ろしいことに韓国は絶対に独島（竹島）を諦めることはしないということである。独島（竹島）から韓国が全面撤退することはない。

そうなると、日本が韓国に島を譲らない限り終わりなき戦いとなることだろう。国や歴史、状況こそ違えど、まるでイスラエル・パレスチナ紛争のような終わりなき戦いが待ち受けているのみである。

韓国人はそれくらい独島（竹島）から離れたくない。人には、国には、絶対に諦めることのできない愛着のあるものが存在する。それが韓国人にとっては独島（竹島）なのである。

日本人が想像できぬほど、韓国人はすでにどっぷりと独島(竹島)を溺愛しているのである。

今現在、日本側が主張しているように韓国は全く「いただけない」方法で竹島(独島)の不法占拠を続けているとしても、韓国国民の独島(竹島)に対する関心、愛情、愛着、そして領土権を「何としてでもわが国の手に!」という積極性は日本のそれとは比べ物にならない。

日本の超消極的対応、国民の無関心、政府さえもほぼ無関心、日韓間における大きな火種となっているのに安易に考えて後手後手にと先延ばしにしてしまう姿勢は何なのだろうか。

両国の温度差が大きければ大きいほど、この問題において日本の勝ち目は絶対にない。日本は「竹島(独島)紛争」に勝てないのである。

日本も本腰を入れて竹島の領土権を欲するならば、まず「はじめの一歩」を踏み出さなくてはならない。はじめの一歩は、国民の関心を集めさせることである。国民から注目されるような「お題」にできないのなら、それは政府の力のなさである。

「竹島は日本の領土」と日本国民に認識させたいのなら、ありとあらゆる作戦を練って、実行に移し、必死になるべきなのである。今までを見返してみると、それが日本の政府にできるかどうかは大いに疑問視するところではある。そして何より、どれくらいの日本人が竹島問題に関心を寄せるかということである。

韓国は、韓国人は、どうしても独島（竹島）が欲しい。はたして日本は、日本人は、韓国のそれと同じくらいの気持ちで竹島（独島）を欲しているのだろうか…。

結局は日本が竹島を諦めざるを得ない理由

日本人は言う。

「日本は正々堂々、きちんとした形で竹島は日本の領土であると証明するべく国際司法裁判所へ提訴提案をしたが、それに対して韓国は、正式に負けが決まるのを恐れ、一向に応じようとしない。不法占拠しているだけでなく、日本の漁船を拿捕《だほ》するなどといった汚いことをやってきた韓国は、日本だけでなく、国際社会からも非難されてしかるべきである。裁判において負ける、国際社会からも非難を浴びせられる等々、韓国にとって自分たちが不利であるのが目に見えているからこそ拒否しているのだ」と。

もっと言う。

「韓国は、現状のまま竹島を不法に占拠していれば、ゆくゆくは自分たちの国の島となると思っているのだろう。韓国人の考えは、浅はかであり、幼稚である。しかし、そんなことは、当事者である日本をはじめ、国際社会が黙っているわけがない。絶対に容認されることではないのである。もし、韓国人が現状のままいつまでも逃げ切れるなどと本気で思っているとしたら、それは単なる愚かな妄想でしかない。一刻も早く国際裁判所という場で日本と向き合い、法が決定付ける結果に従い竹島は日本領土であると認め、竹島を即刻日本に返すべきである」と・・・。

●●●

皆さん、こんにちはだニャン。私は金智羽だニャン。よろしくニャンニャン。

気持ち悪いだろう。ものすごく気持ち悪いと思う。でもこれは、私の壮大な、壮大な、東京湾よりもほんのちょっとだけ深く、鋸山(千葉県)よりもわずかに高い、私なりの反日活動の一環だから、せいぜい気分を悪くして鳥肌じゃんじゃん立たせて下さい。私も今、同じだから・・・。

私の住んでいるところには、けっこう野良猫が多い。正確には、「野良猫」ではなく、「地域猫」らしい。去勢、避妊手術を終えて、地域のみんなで「かわいがりましょう!」「育てていきましょう!」という感じらしい。日本らしい。韓国ではまだそういう「地域の猫」はいない。

私は、元々猫が少し苦手であった。白状すると、ちょっと怖かった。過去形なのは、それはもう昔の話であって、今は苦手どころかけっこう好き。かなり好きな方に入る、かどうかは微妙だが、それでも猫を見かけるとつい立ち止まってしまうこともあるくらいの好き具合である。

夜遅く、猫が集まっていることがある。何匹も、何匹も。私が「猫先生」と心の中であだ名を決めた猫好きの人によると、それは「猫の集会」というものらしい。顔合わせの意味があると聞いた。

「ニャニャニャニャ」と会話をしているわけでもなく、かと言ってケンカをする風でもなく、もちろんケンカもしない。ただただ、じっとその場に集まっているのである。まさに「無言の猫集会」だ。

頻繁に見掛けることはないものの、たまに遭遇すると、集会中の猫たちが逃げないように少し遠目から眺めてみたりする。本当に、ただじっとしている猫たち。そして、それにつられて同じようにじっとしている私。

集会の輪から少し離れた所にいる猫、中心に座り込んでいる猫、そしてボンネットや塀といった高い位置に鎮座している猫もいる。

猫集会。猫にも猫なりの「秩序」がある。地面に座る猫。上から見下ろす猫。私たちは？そろそろ互いの立ち位置を正そうではないか。正す気はない？　でも、正してみたくはないか？　私は、互いの「立ち位置」が元に戻ったところを見てみたい。

日本人は、日本人の立つべき位置を取り戻せ。正せ。

●●●

日本人は、竹島が、今どのようになっているのかということを、目を見開いて直視するべきである。

日本は過去に韓国に国際司法裁判所への共同提訴提案をしたが、いとも簡単に拒否され、その後も韓国の占拠は終わりを迎えることはなかったのである。そして現在もそのままである。韓国からすると、今もまだ現状維持すなわち独島なのである。ややこしいし、面倒くさいし、実際よくわからないしと、日本人が思わず目を背けているその現実を把握している人は一体どのくらいいるのか気になるところである。

日本が制定した「竹島の日」を巡って韓国が抗議をするというような小さいと思われるいざこざが年に数回程度あるにせよ、韓国が依然として「このままの状態」を好んでいるのは、「（裁判で韓国が）負けるから」と思われているようだが、負けると予想される勝負に誰が素直に戦いを挑みに行くのだろうか。ましてや、それは川原での小学生のケンカレベルではなく、領地を賭けた国と国との熾烈なケンカなのである。

お互い全力で戦い合った後、「おあいこだな！」などと鼻血を拭いつつ笑顔で健闘を称え合うなどという（現代っ子には馴染みの薄い）爽やかなケンカとはわけが違う。

領地がかかる大勝負、とっさに尻込みしてしまいたくなるようなそんな裁判に、のこのこと顔を出す方がそれこそ馬鹿なのである。裁判の要求に一切応じないのは、「負けるのを恐れている」と思われても仕方のないことである。思うのは勝手である。ただ、誰にどう思われようと、現に竹島（独島）に腰をおろしているのは、どんなに無茶なやり方であろうとどうやら韓国のようである。

共同提訴などというのは、夢のまた夢の話である。もし仮に、日本が単独提訴に踏み切った場合でも、日韓両国が「正式な場」で「こんにちは」となることはない。

日本が提訴したところで、それは日本の一人相撲となる。日本はずっと待ち続けるのだろうか。

あいにく、何年、何十年経ってもその場で両国が顔を合わせることはないだろう。絶対にない。

日本は、いつの日か、きちんとした場にきちんとした形で韓国が顔を出してくれるであろうと韓国の「良心」を大層純真な心で信じているように見受けられるが、そんなものに期待をしていては韓国だけでなく、他の国々からも嘲笑われることだろう。韓国が無茶な行動を取って、日本から、世界から嫌われ、笑われるのと同時に、良い子でい続けている日本も世界から笑い者にされ、見下されてしまうのである。そして今後もなめられ続けてしまうのである。この問題において、もし「韓国の良心」を信じて疑わず、いまだその良心を求めているようだったら、それこそ馬鹿を見ること間違いなしである。

超現実的、と言えるが、正義も法も、そして良心さえも国益のためならあっさりと排除されてしまうものなのである。ムチャクチャなことであろうと、自分の国の利益のために行動する、それが現実、そしてそれこそ悲しいかな、「世界基準」なのである。

韓国はただ純粋に自分たちの利益のためだけに動いているに過ぎない。国益のために動く。どの国においても、そうすることは当然のことなのである。

韓国が度重なる「お誘い」を蹴り続け、国際司法裁判所に登場しないことで、韓国に何か制裁が加えられただろうか。一切、何の制裁もない。国際裁判、国際法などというものも、正式な場で両者(両国)が対面してやっとスタートができるものでしかないのである。そのどちらかがスタート地点に立つことを拒否し続けても何の制裁もなく、「そのまま」となる。甘い、甘い、とても甘い。国際法なんてものは甘ったるくて仕方がないものなのである。基準も規則も基本でさえも、もはやあったものではない。

日本人は、逃げてばかりの韓国はずるいと思うだろうが、韓国が日本の要求(国際司法裁判で決着を付ける)を呑まなくとも韓国にとっては何の変化もないのである。韓国は、無視をしていても痛くも痒くもない。ただ「現状維持」ができる、それだけの話なのである。

国益のためには普通はどう考えるのだろうか。答えは簡単。無視し続けて、不法占拠を続ければいいだけなのである。

日本人は何か勘違いしているのではなかろうか。良心を信じればいつか必ず報われる時が来るとでも本気で思っているなどとにわかには信じがたいが、それでも、日本の対応を見る限り、いつまでもポカポカと暖かい湯船から出てくるような気配が感じられないのである。日本も「現状維持」のまま満足してしまっているようなものである。

韓国はすでに出せるカードは出した。何の制裁もなく、法が甘い以上、ムチャクチャだろうが、強引過ぎだろうが、不法占拠がまかり通るのだから、汚いようでもそのカードを使っても「あり」のようである。それが国際社会においての「カードゲーム」のやり方なのである。もしかして日本人は、そのゲームのルールを知らないのだろうか。

先手でカードを出した韓国に対して、日本は「韓国の良心を信じる」という全く役に立たないカードをいつまでも懐にしまいっぱなしにしたままである。そんなカードは必要ない。大事なカードであると勘違いしてしまっているのである。もし、まだ「竹島は日本の・・・」などと主張するのであれば、今すぐにでもそんないらないカードは捨ててしまうに限るだろう。

両国が現在の状況を完全に放置している今、他の国々も誰とて日本を助けてはくれない。本気で現状を打破したいのなら、自ら動くしか道はないのである。

「竹島は日本の領土である」と自信を持っているのなら、強力なカードを揃え、鼻息を荒くして働きかけなくてはいけないのである。日本国が、日本人が、世界にその正義とやらを示せるものなら示して欲しいものである。

日本も竹島を欲するならば、他の国の協力や国際社会のバックアップ、良心などといった弱々しいカードを懸命に探し出して使おうとするのではなく、自らの考えで激しく動き、そして強い外交をしてみるしかない。

恥ずかしがってばかりで自分たちの主張を声に出して言うことさえできず、清らかな心でただただ待っているだけで「竹島は日本の領土」などと言うのは滑稽でしかない。「島」が欲しければどんなことをしてでも手を出す、それくらいの勢いで動かないと本当に欲しいものは手に入らないのである。

韓国のカードはもう見飽きたことだろう。

次の順番は日本である。このまま「待った」のままでいるのか、「独島は韓国領土です」とゲームセットにするのか。それとも、また何か違ったカードを出すかだろう・・・。

第三章
日本で暮らしながら反日、そして在日を考える

最も恐ろしい日本の敵は反日国家ではない理由

日本人は言う。

「世界でもまれにみる反日国家である韓国という国。反日韓国人の汚く、恐ろしいところは、韓国国内だけでなく、日本はもちろん、他の国々に行ってまで反日行為を繰り広げることである。それこそ、些細なことから大きな反日活動に至るまで、その流れは止まることを知らない。

そういった行為の数々は、日本人にとって大きな迷惑という次元をとうに通り越し、日本人の身にも危険を及ぼす恐れがある。韓国人の反日行為は、ありとあらゆる面において日本人の安全面を脅かすものである。

韓国のような危険極まりない反日国家に対し、日本は何かしらの策を講じたり、対処していかない限り、日本人の安全は保障されない」と。

こうとも言う。

「日本に友好的な国は世界に数多くある。ほとんどの国に好意を持たれているだけでなく、かなりの親日国家も決して少なくはない。

そんな中、韓国の反日意識、反日行動の数々は、もはや異常の域に達していると言っても過言ではないだろう。

幼少の頃より徹底した反日教育をし、日本人に対して強固な敵対意識を植え付けるという韓国の反日策は、これ以上見て見ぬ振りができるものではない」と・・・。

●　●　●

当たりました、一等珍味詰め合わせ。ちょっぴり恥ずかしい。それでも、やっぱり嬉しさが上。

「とことん飲んでみよう!」の家飲み計画が持ち上がり、浮き足立ってつまみと酒の調達に出た。商店街のしばらく空き店舗だったところに突如として出現していたアンテナショップ。東北地方からのお出まし。

のぼりに「期間限定」と書かれていたら、それはもうその店と私との出会いは運命。名産の野菜や果物、菓子などに混ざってありました、ありました。日本酒。そう多くの種類はなかったが、試飲して一目惚れならぬ、「一味惚れ」した一本、それと「これ、絶対においしいです！」と、法被《はっぴ》を着た若いお兄さんに薦められた一本の計二本を購入。

抽選ができると言われて、どうぞどうぞとガラガラの前に案内された。で、出た。金色の玉。略して金玉。「金さんの玉」ではない方。「金色の玉」の方。

ガラガラ担当の老婦人が、その細腕で「当選の手持ち鐘」を激しく鳴らしてくれた。そこそこ混雑していた店内で、オッサンの私一人に目が集まって恥ずかしいのなんの。でも、嬉しい。

「すごいわね、いいわね」って、私の後ろに並んでいた中年の日本人は言ってくれた。その声につられたかどうかはわからないが、いつの間にやらすぐ近くにいた中国人と東南アジアのどこかの国の女性二人は、「ずるい」「私は当たらなかった」と言い出した。何なんだ、この差は。

私が何で、日本語を話すその二人が外国人だと知っているのかというと、その二人、その商店街の中にある八百屋の店員だからだ。男女数人、働いている人がみんな中国人。

それとその東南アジア系の人。ちなみに、私が「チャイニーズ八百屋」と勝手に命名した八百屋。向こうは知らなくても、たまに行っては毎度のごとく合計金額(多く請求される)やらおつり(少なく返される)を間違えられている私の方は知っている。確信犯かどうかは、現在のところ未確認。

日本でのガラガラ。もしかしたら「金玉」が入っていないのではないか、の疑いは一切なし。抽選があろうがなかろうが、私は一味惚れした「愛しい子」を家で改めて愛でたかっただけだ。それでも、その日私に舞い降りてきた「ちょっぴりラッキー」ありがとう。ただ、クラスメートだと思っていた仲間、共にガラガラをやった客から、まさかの「ずるい」発言が飛び出してくるとは。そちらの方は、「ちょっぴりがっかり」だった。

私とその「ずるいチーム」は、「同じ側」だったはずだ。それなのに、私だけ当たったばかりに、まさかの「敵」!? 私も、そのずるいチームも、買い物をして、ガラガラをして、同じだったではないか。それがあれよあれよと言う間に、敵になってしまっていたということか。

日本人の「敵」は、誰だ? どこにいる?

敵だと思った奴ら、そいつらは、もしかすると敵だと信じ込んでいるだけなのではないか？　本当は、味方にこそならなくても、敵ではない可能性もあることを少しは考えてもみた方がいいのではないか？

日本という国の、そして日本人の本当の敵はどこにいる？　誰だ？　敵を見誤るな。本当の敵を暴け。

●●●

嫌われている。日本は、日本人は、かなり嫌われている。

ただし、日本、日本人を忌み嫌う国や人々は、そう多くはないようである。少なくとも、私の知る限りではたったの三国のみである。韓国、中国、そして北朝鮮。反日三兄弟。もっとも、その三国の反日レベルが相当強烈なだけに、日本人としては大層気分が悪いことであろう。

しかし、見方を変えるならば、たったの、たったの三国にしか嫌われていない。他の多くの国々や人々は「親日」であると思える。そういった意味では、たった三国にしか嫌われていない日本人は幸せなものである。

まさか、自治区などを入れないとしても世界百九十二ヵ国、その全部の国に好かれないと何だか落ち着いて眠れないなどということはなかろう。

私の国はいかがなものか。世界広しと言えども、「親韓・好韓」と言う国を、私は過去に聞いたこともなければ、見たこともない。それに比べると日本は非常にいいご身分なのである・・・。

反日三兄弟は「インパクト大」であるがゆえに、ついつい気になってしまうことだろう。だからこそ、非難の声も後を絶たない。だが、本当に非難するべき相手は、実はそれらの国々の反日勢力ではなかったりするのである。まさに驚きの真事実。

一般に、国外の反日勢力ばかりに注意を取られ、それらを非難することに夢中になりがちとなっているが、本当にそれでいいのだろうか。それよりも更に目を向けるべき反日勢力は、まさかの反日日本人なのである。諸説はあるものの、明智光秀の謀反により本能寺で自害した織田信長しかり。戦国の世の天下人も、まさかの「灯台下暗し」にはさぞ驚いたはずである。しかし、より注意しなくてはいけないことは案外「下暗し」だったりするものなのである。まさに「敵は内部にあり」というわけである。本当の敵は外側の者たちではない。内側の者たちが最も怖いのである。

反日日本人勢力が強まれば強まる程、国の力は弱まる一方となる。もっと強く言うならば、そういう勢力は国を潰しかねない危険要素を存分に含んでいるのである。国外の反日勢力には、むしろ脅威を感じなくてもいいほどである。反日国家があるということは、それは外部の敵に対して日本という国が、国民が一致団結するためのいいきっかけとなりうるのである。極端なことを言ってしまえば、外の敵に対しては最悪戦えば済んでしまう話である。しかし、同一民族同士で戦うことは無謀であり、それをやってしまえば、それこそ国が滅亡しかねない状況を招く恐れを秘めているのである。もっとも、あくまでも極端な話ではあるが・・・。

日本国内で、右翼勢力も左翼勢力も健康状態を良好に保っていれば反日日本人は生まれてこない。なぜならば、国と国民のために、互いが互いを建設的に牽制しあうという関係を築き上げることにより両方のバランスが綺麗に取れるからである。しかし、不健康そのものの行き過ぎた右翼、行き過ぎた左翼勢力に対しては、「何とも醜い」という反発心が生まれ、そして同民族や日本人という自己への嫌悪の気持ちが湧き立ち、その結果日本嫌いの反日日本人を量産してしまうのである。何事も行き過ぎ、やり過ぎには反感を覚えてしまうものである。あまり強く勧められると、とっさに拒否反応を示してしまうという、それである。反日国家・反日国民である韓国人を必要以上にやたらと警戒し、むやみやたらに非難している日本人もいるが、それよりも恐れなくてはならないのは内部の反日日本人勢力なのである。非難すべき相手は、行き過ぎた右翼勢力、行き過ぎた左翼勢力、そしてそれらの勢力が産み落とす「日本嫌い」となる反日日本人勢力なのである。

今日もどこかで、「日本のため」と胸を張っていながら、逆に、その目に余る行き過ぎた言動により反日日本人を誕生させているのではないだろうか・・・。

必要悪としてのナショナリズムの存在理由

日本人は言う。

「世界で最も優秀な民族であり、人類史上最も輝かしい歴史と文化を築いてきた素晴らしい民族であると恥ずかしげもなく言い切る韓国人の極めて歪んだナショナリズム。それは、差別主義、自国中心主義、自己優越主義などを持つ人格破綻者を生み続けている。最後は、孤立化し、自滅するという運命しかないということを日本人は知り、そこから学び取っていかなければならない」と。

ついでに言う。

「火が弱まるどころか、年を追うごとにその火を強め、現在進行形で燃え続けている韓国の反日ナショナリズムは、そもそも日本の統治から解放され、大韓民国の誕生と同時に国策として反日政策を徹底して取ってきたのが始まりである。国、個人共に、揃いも揃ってナショナリズムを謳うのは非常に危険な思想であり、異常とも言える。他国を無視し、時にはとことん見下し、「我が国万歳！」と叫ぶその姿は「醜い」というたった一言で片付けられる。何も持たない低俗民族がその劣等感を隠すためにナショナリズムを高め、ごまかしているその姿は、哀れであり、単純かつ幼稚な頭脳しかない朝鮮民族をよく象徴している」と・・・。

●●●

私はエキストラに登録した覚えはない。だがしかし、「そこ」では私は完全にエキストラの一人だったに違いない。

電車内。ドア側に立っていた私。発車間際に、二十代中頃と見受けられる男女が乗り込んできた。私と同じドア側。電車発車。

最初は別に普通で、特別変わった感じはしなかった。その電車のドア前に、二人一組、そして私。いたって普通の感じだったから、私も特別気にも留めていなかった。「その話」が聞こえてくるまでは。

聞く気もなかったし、そして最初はぼそぼそと話していたから何を言っているのかわからなかったが、徐々に声が大きくなってきた。何やら女性の方が明らかに拗ねている。「だって、顔も見たくないって言った・・・」って。

私にはどうでもいい話。心底どうでもいい話。耳に入れるまでもない話。だけど、周囲に聞こえるくらいの声で話し始めてしまったから、否が応でも話の内容が聞えてきてしまう。そういう時に限ってイヤフォンをカバンに入れ忘れてしまった私は困惑。おまけに、私が他に移動できそうなスペースがない程度の混み具合。更に急行だということが私に追い討ちをかける。この際とことん聞くのみ。

「見たくないなんて言ってない」

「言った」

「言ってない」

の繰り返し。やや飽きる。もっと「おいしいもの」をくれ、と思っていたら、来たよ、来た。「オレがお前にそんなこと言うわけないだろ。な？　帰りにクリスピー買ってやるから」って、男の方。

クリスピー、それってドーナッツ？　もしくは、チョコ味の朝食べるあれかな？　と思う私。

「クリスピー好きだろ?」

「うん。でも、もっと好きなのは、」

もしかして、「オレ?」って思う私。台本の通りかどうかはわからないが「ドーナッツ(予想)VSオレ」の展開になっていた。

そして結果は「オレ」の圧勝。うわー、クサみ存分にいただきました。

しかしまぁ、超低予算の自主制作映画も真っ青になるくらいのデキに驚いた。カメラを探しかけたくらいだ。

その場で、私は間違いなくエキストラだった。無意識エキストラ。

私というエキストラがしっかり脇を固めた。その感じだと、仲直りしたようだ。めでたし、めでたし。そこには愛があるのだろうな。うん。

親から子への愛。子から親への愛。夫婦愛に兄弟愛。家族の愛。異性への愛に同性への愛。ペットへの愛。先方が無機質な「物」へだって愛を持つ人もいる。この世の中は「愛で溢れている!」などと叫ぶことはしないが、それでも愛はどこにでも転がっているものだ。クサくても事実。

愛、愛、愛、他の愛は？

国への愛に、民族としての愛。クサさたまらん。持つには負担もあるかもしれない。でも捨てるには惜しい。惜し過ぎる・・・。

日本人は、クサかろうが、感動ものだろうが、「愛」を持っているのか。国へ、民族へ。ろくに考えたことすらない人も多いのではないか。と言うか、そういう人が多いよな、日本。それでいいのか？　本当にいいの？　いいなら別にいいけど。私がとやかく言う立場でもないし。

それでも、少し考える時間を要しても損はしないはず。しばし検討してみろ。そして感じろ。

●●●

日本のファンを「家族」と呼び、サラン（愛）を示したのは韓流ブームの立役者である韓流界の天下人「ヨン様」だった。

韓流ブームにおいて天下を取ったヨン様の言う「家族への愛」は、本心かどうかなどというつまらない考えを抜きにしても、なかなかいい響きであったことに違いはない。家族へ愛情を持つのはごく自然のことなのである。家族への愛は自然と生まれるもの、そして永遠不滅のもの。それを否定するのはナンセンス。家族に対して愛情を感じないことほど悲しいことはないのである。

ヨン様の言う「家族」とは話は別になるが、一つの国家において、個人が運命共同体としての一体感、もしくは所属感を意識するいちばん小さい単位を「家族」とすると、その家族がいくつも集まり、更に集まり、まとまったものが「民族」と言える。そして、それを包み込んでいるものが「国家」である。

家族を愛する心が家族愛、民族を愛する心が民族愛、国を愛する心が愛国心。

自分の家族を愛していない人がいるだろうか。何だか照れくさくて声に出してまでは言わないにしろ、皆当たり前のごとく愛しているものなのである。それと同じく、同じ民族にも愛を感じることだろうし、また、自分の国に対してだって愛情を持っているはずである。

「民族」と、難しく考えることはないと思える。家族に対して家族愛を持つのと同じように、同民族に対しても「同一民族」としての一体感を感じ、当然のごとく民族愛が生まれ、そのような人々の集合体である自国に対しても愛国心が湧き上がってくるのが普通の感情である。

多民族国家の代表格であるアメリカでは、民族愛は少々薄いものになっていることだろう。それは致し方ない。相当数の国々からいろいろな民族が集まり、一つの国家を形成しているのがアメリカという国である。アメリカ人でありながらルーツは他の国の他の民族、なんてことはざらなのである。

アメリカの場合、民族愛うんぬんを強調するのは無理がある。強調するべきところは「アメリカ合衆国」という国としての一体感のみである。それはさておき、他の多くの国々においては、各国大多数の人間が同じ民族で形成されているのだが、それは「同一民族皆家族」を意味しているに等しい。単純に言ってしまえば、自分の家族、そのまた先の自分の先祖、そのまた先、そのまた先に先に・・・と過去を遡っていくと、どんどん繋がり、同一民族の皆々まで「家族」として結びついているものなのである。所詮、皆「お猿さん」なのだ。

今日においては単一民族のみで構成されている国家を探すのは限りなく難しいかもしれない。だが、一つの国家で大多数の同一民族が集まっている場合、それは上記の「同一民族皆家族」という概念の捉え方もまんざら間違いでもないはずである。同じ民族＝同じ家族という定義を持ってすれば、家族を愛し、同じ民族を愛し、そして自分たちが所属する同じ国を愛するという考えは当然のことであり、そこは否定するべきところではない。

私は、民族主義なるものをそのように捉えている。

ナショナリズム。すなわち民族主義というものは、他民族・他国に対する攻撃性、排他的な思想を生む主義と隣り合わせのものである。つまり、時として危険な思想にもなりうる要素を抱え込んでいるのである。確かに、自分の家族ではない、同民族ではない人に対して、排他、差別、時には敵対意識、拒否感、異質感など、そのような感情が芽生えてくるのを完全に押さえ込むことは不可能である。人類の歴史が物語っているように、そういった感情が度を越えた場合、民族間においての戦争の原因になったりすることもある。そのようなマイナス面を否定することはできない。しかし、その反面、同民族に対する愛情と愛国心がなければ、人類が今日のような発展段階にはなかったはずである。人類が今まで絶えずしてきた数々の戦争は、大きな不幸と破壊をもたらして来たが、同時に実に様々な発展をも大きく生み出してきたことに直結しているのである。

悲劇と不幸と、涙と悲惨は、それを克服しようとする強大なエナジーを作り出すのである。

日本も例外ではない。

日本は今までの歴史上、他の国が味わったことのない程の悲惨な戦争を行い、身を以てその悲惨さを知っているのである。しかし、その不幸があったからこそ、それらを跳ね返すかのごとく目覚しい発展を遂げたのではなかろうか。その発展の陰に一切合切民族主義がなかったとは考えられないのである。むしろ、国が、国民一人一人が、十分に大和という名の「民族」を意識していたことの賜物と言える。

民族主義という思想は、不幸の原因にもなる危険な要素を含んでいるという面だけでなく、他の面も併せ持っているものなのである。

日本では、民族主義に対する否定的な意見が多いように見受けられるが、必ずしも否定されるだけのものでもないはずである。民族主義という思想は、競争社会、そして競争が激化する世界で生きている我々人類にとって発展や生存力の源となってくるものである。文明、科学、産業、文化、スポーツはもちろん、そのすべての分野において、発展させたり、進化させたりするものなのである。例として、日本人は、韓国が常に日本を意識し、そして敵対意識を剥き出しにしてその時々を進んでいった、と思ってないだろうか。

一九一〇年、日本に併合される前までの朝鮮は、世界でも最貧国であり、未開人の住む未開の地であった。そのような国が、三十五年という日韓併合時代を過ごし、その後解放、独立を経て、それから現在に至るまで、日本という国に対して炎を燃え上がらせつつ歩んで来たのである。その炎は、「何としてでも日本には負けたくない。負けられない」という敵対意識以外の何物でもない。

日本という経済大国を相手に、常に敵対意識を持ってありとあらゆる面において日本を意識しながら突き進み、それなりに頑張ってきた結果として、韓国は現在の発展を遂げることができた。まさに、敵対意識の炎を燃やし続け、見よう見真似でここまで発展することができたと言える。言葉を変えるならば、日本という国がなかったら、韓国はいまだに「発展」というものから遠ざかっている国となっていたのではないか。

韓国にとって日本の存在が、競争社会における原動力となったのである。民族主義を存分に意識した韓国人に、他国、他民族には負けたくないという団結の思いを奮い立たせたのは日本である。過去、敗戦を乗り越え日本が這い上がったように、民族に対する愛、つまりは民族愛があってこそ現在の韓国が形作られたのである。

そのように、一国民として持っていて当然の、時として素晴らしい一面さえも垣間見せる民族主義であるが、どうも非難の対象になることが多い。それはどうしてなのかと考えてみた。

世界、これだけ多くの国々がある中で、民族愛を持たぬ国、そしてそこに住む人はいない。ただ、その強弱に差があるだけなのではないだろうか。それは、韓国のように民族主義がやたらと強い国もあれば、日本のように、持っていることは持っているのだが、さして意識せず、強調しない国もあるというだけの話なのである。

私が思うに、それは民族主義に対する美意識の差、そして国民性の差なのだと思える。

世界的に見ても、韓国は民族主義が無駄に強いのは確かである。正直、私自身その強さに少々うんざりすることもある。その反対に、日本は、民族主義に対して懸念する感情が強いのではなかろうか。

韓国はもちろん、他のどの国々においても民族主義なるものがはっきりと表れている。しかし、日本だけが、民族主義に抵抗感、拒否感があるように感じてならない。韓国だけでなく、もっともっと世界に目を向けた時、そこには必ず民族主義が存在している。日本以外の国々では、それなりに民族主義が強いのである。韓国人にとっては、民族主義を持って良かれという美意識があり、強調することこそ最大にして最愛という思いがある。何も韓国だけでなく、そういう国は世界には数多く存在しているのである。

しかし、日本人の美意識としては、民族主義などというものを持ち、更には強調するのは恥ずかしい、格好悪いという思いがあるのではないだろうか。あくまでも各国それぞれの国民性の差でしかないのであり、そのどちらがいいとか悪いとかではなく、そのどちらにせよ正解、不正解はない。

日本人の感覚、感性、美意識からいって、韓国人の表現する民族主義は醜く、危険要素をたっぷりはらんでいると思い、その民族主義を嫌い、捨てるべきだと苦言を呈し、おまけに非難ばかりするのも考えものである。人として完全に民族主義を捨て去るのは不可能だが、もし捨てたとしたらどうなるのだろうか。それは、とてつもなくつまらない、大変無気力な結末を迎えることを意味しているのである。

他民族、他国に対する競争心がないがゆえに、民族としての団結心が消え失せ、民族の差もない、民族の境界線もない、競争相手もいないという国家になってしまっては、現実には競争社会ではなくなってしまうのである。そうなると、これ以上の発展も望めず、モチベーション、闘争心もなくなり、完全に無気力社会となる。生き物としての発展や進化力がなくなるということは、ひどく退屈でつまらない世界に成り下がってしまうのである。単純に、スポーツを例にすると、韓国は日韓戦があるから頑張れる。勝った場合はまた次も勝とうという気を起こさせる。負けたら負けたで、次こそは勝とうと更に頑張り、それに加え新たな技を工夫したり習得したりと力を注ぐ。その闘争心、敵対心が必要不可欠なのである。産業、経済、文化などなど、ライバルとなる相手や、目標とするところがないと、人は一気に盛り下がってしまうはずである。

民族主義をもっぱら批判するしかない人たちは、オリンピックなどの国際大会でも日本を応援する資格はないのである。それこそ、日本の勝敗に一喜一憂することなく、「地球人」として世界各国どの国のどの人種に対しても熱い声援を送る方がより楽しめるはずである。

「みんな仲良し、地球人」とやらでは、頑張ろうという動機がなくなり、発展の妨げとなるのである。残るは後退という道のみ。

世界人類は皆が皆同じ地球人。だから手に手を取り合って仲良しごっこをしているだけでは、衰えるだけなのである。

人間の感情、民族主義という思想なんてものは、持とうとして、あるいは捨てようとして加減ができるものではないのである。

少ししょっぱいから水を足そうやら、少し甘いから醤油を加えてみようなどといったように簡単に微調整が利くものではない。民族主義を増やそうと思ってそれができるものでもなければ、民族主義を持ち過ぎたからといって減らしてみようなどとコントロールできるものでもないのである。

それればかりは、誰の手にも変えられない。

民族主義とは、きっちりと分かれ対極する両面がある。

民族主義を持つことに、危ない、醜い、愚か、滑稽などという非難ばかりの声しか出ないのは偏った思考力でものを言っているだけでしかない。評価すべき点も必ずあるということも考慮しなくてはならないのである。

民族主義とはそのようなものなのである。

人類の生存のため、発展のため、そして、活気と生命力溢れる世界を保つためにも切り捨てられないのが民族主義なのである。危険な一面だけでは決してその良し悪しを決めることなどできない。人類にとっては、この先もなくならないものであるし、そしてなくせないものなのである。

国民性の差により、民族主義が強いか弱いかというだけであり、世界人類、皆自分が属する民族に対しての愛情は必ずや持っているのではなかろうか・・・。

在日コリアンには罪がない理由

日本人は言う。

「日本在住のすべての在日韓国人・在日朝鮮人の皆が皆犯罪者であることはないにしても、日本人と比較して在日による犯罪は、人口比で見るとはるかに高いという統計結果がある。在日という存在が、日本において危険な人種、集団であることはそういった結果だけ見ても明らかである。

在日どもは、日本人にひどい差別をされ、迫害されていると息巻いているが、誰一人として頼んでもいないのに日本にどっかりと腰をおろし、自分たちの愛すべき祖国に帰る気配もなく、そのくせ日本では外国人の立場でありながら恥ずかしげもなく日本人と同等の権利を主張、要求している。

差別と迫害というものを自分たち在日にぶつけてくる国、日本。それほど嫌いな国なら無理して日本に住むことはなく、すぐにでも自分たちのマンセー国に帰ればいいものをそうはせず、永遠に日本に寄生しながら生きていく人々が在日である。

反日感情たっぷりで、そのくせちゃっかり在日をやっている韓国、朝鮮人は、日本人にとって厄介で邪魔で、迷惑な存在である。日本社会にとって、まさに癌とも言えるべき人種なのである」と。


はたまたこういった事も言う。

「日韓併合時、そして終戦直後に自らの意志で自分たちの貧しい祖国を捨て、逃げるようにして勝手に日本に入り込んできた朝鮮人たちは、敗戦でボロボロになっている日本社会に目を付けた。朝鮮人特有の悪知恵を働かせ、強姦や暴行、略奪などを繰り返し、それらに加え、土地や建物といった不動産を奪い、さも最初から自分たちの財産であったかのような主張をした。

恐喝や暴力的手段は当たり前。日本社会において自分たちに都合がいいように権利、利益を不正に奪い取ってきたという歴史的事実を持つ在日韓国人、在日朝鮮人。

現在、在日に与えられている特別永住資格などといった、もろもろの特権はすべて廃止し、日本は日本に住む他の外国人たちと同等の扱いをするべく社会を目指していくべきなのである。

また、他の在日外国人と比べると簡単に許可がおりるという在日コリアンの帰化制度も一刻も早く見直し、そう簡単に帰化できないような制度を作っていかなくてはならない。

日本と日本人の安全と繁栄のためにも、反日在日コリアンたちの帰化は絶対に阻止することが望ましい」と・・・。


コーヒーですか？　好きですね。一日に三杯は飲みますね。

飲み方ですか？　当然ブラックです。コーヒー豆本来の味がよりダイレクトに口の中に伝わってきますので。

カッコつけたところで、ウソはすぐにバレるのが世の常。よって、本当の事を言います。

私は、ブラックコーヒーは飲みません。必ず砂糖を入れます。しかも、けっこうな量の砂糖を入れます。

やたらと座り心地のいいソファーを置いているその店。私はちょいちょいそこにコーヒーを飲みに行く。パソコンを開いてコーヒーを飲むとか、文庫本片手にコーヒーを、なんて小洒落たことはしない。座った瞬間にケツを丸ごと包み込んでくれるようなソファーに座って、コーヒーを飲むだけ。どんだけ座り心地のいいソファーでも、他にやることがない以上たいして長居はしない。

その日も同じような感じのつもりだった。ただ違ったのは、その日は店内がいい感じに、「国際化」していたことだった。まずは私、韓国代表。通路を挟んだ横の席にスマホで英語を話す白人。その後ろに日本代表が四名。私の前、一テーブル空けた前の席に大声で話す中国代表が二名。日中韓プラス英語圏の白人という組み合わせ。たいして広くもない空間に、少なくとも四カ国が勢揃い。しかも、街の一喫茶店での話だ。別段外国人が多く集まるでもないその場所で、四カ国。何故だかちょっとワクワク感が出てきてしまう。

エレベーターで、見た目や言葉から断定するに、偶然にも三カ国の人が乗り合わせた時と同じ状況だ。いや、今回の四カ国は「それ以上」だ。韓国に戻った際には(土地柄)そういう状況になることが度々あって、私はその度に、Aカップに満たないかわいい胸をわずかにときめかせたりする。狭い狭い空間が、一気に国際色豊かになってしまう、そんな感じだった。

日本に「お邪魔」している私が偉そうな口を聞くようだが、日本も存分に多民族な国際化が進んでいる証拠。

日本人以外にもいるわ、いるわ、「外国人」が。もちろん私も「外国人」。

日本には、他にもいる。「切りたくても切ることのできない」「切っても切れない」外国人が。どこの誰だって？ そんなものすぐに思い浮かぶはずだ。

日本の中の中、ものすごく内部まで、もう相当奥深くまでぐいぐい浸透しまっていて、すでに「取り出し不可」。

あまりにも広範囲で、あまりにも根深すぎて、もう何をどうしていいのかさえもわからないのが本音だろう。切りたい、切りたいと切実に願ったところで、今のままではその願いなんてただの夢物語に終わるだろう。だって、温室育ちの日本人には、切り離す術など思い付かないだろうから。そもそも、例え思い付いたところで、今の日本はそれを実行に移す術だって持ち合わせていないだろう。

それでも、それが「現実」であり、「現状」だ。憎いだろう、醜いだろう。

憎しみを軽減する気があるのだろうか。醜さを目の当たりにしたくないのだろう。だったら地面を揺らせ。根本から変革しろ。

●●●

在日朝鮮人、韓国人は、「在日」という存在、ただそれだけで犯罪なのだろうか。私のように日本に住む者も、日本に在住しているというだけの理由で罪なのだろうか。まさかそんなことはあるまい。

日本という国において、当の日本人も、そして日本に住む外国人も、そこで生活しているというだけでは誰一人として罪な存在にはならないのである。私がよほど勇気ある行動を起こさない限り北朝鮮には住むことができないということとはわけが違う。

それなのに、在日朝鮮人、韓国人に対して、日本から出て行くように迫る声があるのは不可思議でならない。もっとも、そんな声を挙げたところでどうこうなるのかと言ったら、それは、「そうは問屋が卸さない」という言葉しか返しようがない。

日本から去るよう言っている者たちには申しわけないが、在日に日本から出て行くように言ったところで誰が素直に出て行くと思うのだろうか。残念なことに聞き流されてしまうのが現実である。

現在、日本に住んでいる在日朝鮮人、在日韓国人はおよそ百万人ほどである。その中には、朝鮮籍、韓国籍を持ちながら日本に永住できる権利を有する在日もいれば、すでに日本人となった元在日もいる。元在日／現日本人は、コリアンジャパニーズなどと、少しばかり格好付けた呼び方をしたりするので、また違った意味で覚えやすいような気もする。他にも留学生や就労者といったニューカマーと呼ばれる在日も日本には存在している。そして、恥ずべきことなのであまり大きな声では言いたくはないが、きちんとした形で、正式に認められた上で日本に在住している以外の在日もいるということも隠しようがない事実である。

すでに日本国籍を取得し、帰化した朝鮮人、韓国人も年間相当数に上るし、来日する者もいれば、日本を去る者もいるので、その総人口は案外上下動が激しいものである。現在言えることは、およそ百万人程度ということである。この百万人という数を多いと見るか、それとも少ないと見るか。私は決して少ない数ではないと思う。その数は、日本において、完全に無視し続けることができる数ではないはずである。マジョリティー(多数派)ではなくとも、マイノリティー(少数派)とは言えないのが在日の存在なのである。

以前は在日に対してものすごい嫌悪感を持っていた人がいたが、近年は少しづつ改善されてはいるが、まだまだ在日朝鮮人、韓国人に対して嫌悪感を持ち、排他主義を主張する日本人は多いように思える。

在日朝鮮人、韓国人を嫌悪し、排他したい思いが湧き上がってくるのはそれだけの理由があってのものだと容易に想像できる。

日本人が在日朝鮮人、韓国人に対して憎悪したくなることなど一つもあるわけがないなどと言えば、それこそ嘘八百となる。それは認めざるを得ない。しかし、明らかに理由とはならないはずのことで、嫌悪の気持ちをふつふつと煮えたぎらせ苛立っている日本人がいるのなら、それは瞬間的にファビョ(火病:ファビョン—朝鮮民族特有の怒りの抑制を繰り返すことでストレス性障害を起こす精神疾患)ってでも二、三の反論をしたくなってきてしまうものである。私自身、そして同胞かわいさとでも受け止められても仕方がない。

理由となるに値しないこととは何か。

それは、在日朝鮮人、韓国人に与えられているさまざまな特権を非難したり、それに伴い憤慨したりすることである。参政権獲得への度重なる主張や、反日教育に反日活動。通名による利便性やずるさなど。他にも多くの特権が在日にはあることに憤りを感じているからこそ、嫌悪してしまうのだろう。外国人でありながら参政権を要求し、図々しいにも限度がある、と言うのだろう。反日教育や活動をし続けている分際で、日本を去るどころか、のうのうと日本で暮らしている、と言いたいのだろう。

在日が起こした犯罪でも、朝鮮・韓国名／日本名の通名を存分に活用し、使い分け、犯罪者の場合あたかも日本名を使い、まるで日本人が起こした犯罪かのように認識させてしまう、と言いたいのだろう。

日本人は一生懸命働いて、その上で税金を支払っているのに、在日は税金面でも非常に優遇された立場にいる、と言いたいのだろう。

次から次へと、湯水が溢れんばかりに在日の特権をチクチクと指摘し、たとえ日本で生まれ育ったとしても、「血」は朝鮮、韓国人なのだから在日を簡単に帰化させるべきではないだのと、過激なものがお好みの人は在日を本国に強制送還するべきだのと言っている。在日による犯罪が起こる度に、あるいは在日が何かを主張したり行動を起こす度に、在日特権が気に食わないとか、それ以前に在日の存在そのものが醜いからと、インターネットを中心に誹謗中傷を「お手軽に」発信できる世の中となってしまったことも悲しい。更に、近年ではもはやインターネットの世界を飛び出し、「現実社会」においてもそれらは行われている。

そういった発言が入り乱れれば入り乱れるほど、在日という存在そのものさえ犯罪かのような錯覚に陥ってしまいそうである。在日＝悪いことばかりする集団＝犯罪者という図式が日本社会に深々と根付きつつあるのではないだろうか。

近年ますます少子高齢化が深刻となっている日本ではあるが、それでも約一億三千万人もの人々が住む。優に一億超えの人口を抱える日本を動かしている、そして支えている力の源とは何であろうか。

私が思うに、日本という国は、まさしく民主主義、資本主義が目に見える形で確立された国である。更に、自由競争市場が大きく開かれた国でもある。そして、それらの根元をしっかりと固めているのが、法治国家としてのベースである。それこそ、この巨大な日本を動かしているものであろう。そのような理念があるからこそ、今日もまた途切れることなく日本は動き続けるのである。それを否定することはできない。

日本が法治国家であるということが示すものは、たとえそれが良心的な言動ではなく、時として良心に反することであったとしても、言葉は悪いものの、法に触れない限りどの誰でも、いくらでも自分の能力を発揮し、自分の利益のために、営利のために、そして何より自分の幸せのためだけであったとしても、ありとあらゆる行動をしてもいいということなのである。大袈裟に言ってしまえば、現在施行されている法さえ守れば、良心、モラルに関係なく自分の得となることを好き勝手にできるのが日本の社会なのである。

例えば、ここに二人の人物がいるとしよう。わかりやすいように、単純かつ両極端に表現してみることにする。一人は、非常にずる賢く、卑劣で、良心という言葉も知らず、モラルが何たるものかも理解できない自己中心的な人。しかもその人は、反日感情を存分に持つ在日だったとする。だが、そのような人でも、法を犯したことはなく、そして常に法を厳守して生きているとする。もう一方は、非常に良心的であり、モラルもしっかり持っている。日本という自分の祖国を存分に愛し、民族愛もある。自分を犠牲にしてでも日本、日本人のために何かできないものかと考え、頑張っている素晴らしい人。だが、法を平気で破り、守ろうとしない日本人だとする。

民主主義、そして法治国家であるということの上に成り立っている日本において、国は両者そのどちらの人を守るべきか。どちらの人こそ、日本が指し示すシステムに則って生活し、日本に合っている人なのだろうか。

後者ではないのである。前者こそ日本が守るべき人物であり、日本に適している人間なのである。どんなにか心が綺麗でお人好しな好人物であったとしても、法を守らないのでは日本にはそぐわない。そして、法を破る人に対して制裁を与え、他の市民を守る義務があるのが法治国家である。

現実的だが、それを逆手に取ると、法律のみきっちり守りさえすれば、自分の利益のためにどんな活動をしようが、思想を持とうが、それらはすべて自由となる(ただ資本主義の精神は必要ですが)。それこそ、民主主義、資本主義が持つ本来の姿なのである。これを忘れてはならないはずである。

郵 便 は が き

切手をお貼り
ください

150-0043

東京都渋谷区道玄坂1-22-7
道玄坂ピアビル5F

夏目書房新社
編集部 行

ご購入ありがとうございます。小社への要望事項、並びにこの本のご感想をご記入ください。小社刊行の関係書籍のご案内等の資料として活用させていただきます。よろしくお願いいたします。

ご住所 〒

TEL FAX

メールアドレス

お名前:フリガナ

ご職業
高校・予備校・大学・大学院
年

年齢 性別:男・女

お買上げ書店名

愛読者カード

■お求めの本のタイトル

■お求めの動機

1.新聞・雑誌等の広告をみて(掲載雑誌名)

2.書評を読んで(掲載雑誌名)

3.書店で実物をみて　4.人にすすめられて　5.ダイレクトメールを読んで

6.その他( )　7.ネットでみて

■本書についてのご感想(内容・造本等)、今後の小社出版物についてのご希望、編集部へのご意見・その他

書籍注文書 (小社刊行物のご注文にご利用ください。必ず書店名をご記入ください)

書名	本体価格	部数
	円	冊

ご指定書店名	取次	この欄は書店または小社で記入します。
所在地(市区町村)		

在日による犯罪が起きる度に、起きなくとも、在日がいることそのものを憎悪し、非難することを生きがいとしている人もいるようだが、現時点においては、それらは全くの時間の無駄遣いでしかない。もっとも、暇を持て余し、まさしく在日を叩くことこそ「生きがい」としている人に対して、私が何か言える立場でもないことは重々承知している。だが、在日に対してどうこう言う前に、わずかでも考えてみて欲しいと思っただけである。

民主主義、資本主義国家である日本では、自分の幸せと利益を追求するためには、さまざまな政治的、社会的、経済的、時にはデモであろうと、そういった活動をすることは決して罪ではない。むしろ、それらの活動をするのも当然の権利なのである。法律を守りながら、それらの活動をし、そして勝ち得た多くの利益や権利は、誰にも侵すことはできない。堂々と守られるべきものであるし、非難の対象にするのは言語道断である。

在日が有する特権が気に食わないのなら、それらを廃止させたいのなら、正々堂々と闘えばいいのである。多くの市民が手に手を取り合って行動に移せばいいのである。それもまた自由であるのだ。

この時代になってまで鎖国している国でもあるまい、本気でそんなことが現実化するなんて思っているような人はいないと信じたいが、在日を日本から追い出したいのなら、声を集め、全力で立ち向かい、行動し、そうなるように尽力すればいいだけのことなのである。それをしたって、誰が非難できようか。法が定める範囲内においては、そのすべてが許される。

現在、非難の主たる対象となっている在日の特権だが、それらが全部不法なものであるとすると、それは犯罪となる。しかし、自由競争市場をベースとする民主主義が確立された国に住む者として、生活者として、勝ち取った、あるいは正当に与えられた権利ならば、それは犯罪でもなければ、有して当然の権利ということになる。

在日が何らかの活動をして得たものが許せないのなら、自らも行動を起こせばいいのである。何らかの活動をして、与えたくないものを与えないようにするなり、許したくないものを変えさせるだけの行動もしないのに、非難することしか脳のないことの何と愚かで小賢しいことであろうか。

日本人でありながら日本という社会を理解していないからこそ、在日に与えられた特権にケチを付け、在日が欲しいと訴える権利を否定し、人によっては「在日」のその存在そのものを嫌味嫌う。在日の特権が単純に羨ましいだけなのだろうか。羨ましい感情を持つがゆえに、在日が嫌いなのだろうか。そんなことでは、日本に住む日本人でありながら、ただ妬みを持つ者程度に成り下がってしまう。もしくは、何か劣等感があるからなのかと思われても仕方がない。

パチンコ店が繁盛して荒稼ぎしているのが気に食わないのだろうか。ITをはじめ、携帯産業にまで参入し、東京の一等地に豪邸を構えていることが憎いのだろうか。ハンバーガーやガム、チョコレートを買い、それらを口にすることさえ腹立たしいのだろうか。芸能界やスポーツ界で富と名誉を手にし、ちやほやされるのが目に余るのだろうか。だから在日が嫌いなのだろうか。その存在が憎く、自分たちの国にいることが許せないのだろうか。

在日の「ざ」さえ憎く、許しがたく、心底在日を毛嫌いするのであるのなら、万人にいくらでも活動の自由が与えられているのであるから、志同じくする多くの仲間を集い、しいては多くの国民を説得させ、大胆に社会活動をすればいいのである。

「在日の特権を廃止しよう会」やら、「在日が罪を犯した場合は通名ではなく実名報道にさせようの会」やら、「在日の主張を真っ向から否定し、改めていこうの会」やら、「在日を日本から強制退去させようじゃない会?」などの市民団体を発足し、大規模に動いてみてはどうだろうか。実際、そういった団体なるものがすでに活動している模様でもあるし、そういったことが許されるのが日本という国である。日本国の法の下では、日本人も、そして在日も同等のことができるのである。

在日が日本に住むこと、そこで学び、働き、利益を得ること。法に触れることなく、それらのことをしているだけでは「罪」とはならない。

罪を犯した在日が実名ではなく通名公表されたからと言って怒っている場合ではない。それも法律違反なのか。違うのである。そういった事が起こる度に、何とかの一つ覚えとばかりに強制送還だ何だのと騒ぎ立ててばかりでは、逆に空しささえ伝わってくるようである。

それを許しているのも日本であり、日本人である。止めさせたければ違法となるように法を変えなくてはいけないようである。

もしかして日本人はこんなことを願っているのだろうか。

在日は、自分たちが勝手に日本に移り住んできた上、図々しくも日本で暮らしているのだから、罪を犯すなんてもっての外。おとなしく、常に申しわけないという気持ちを持ち、日本人のためにできることをせっせとして地味に生きていけ、と。

公人も芸能人も、一般人でさえも、在日である以上「なりすまし」をせずに在日であるという名札でも貼り付け、帰化した在日であったとしても、元在日であったことを言って歩け、と。日本を少しでも批判する行動を取るな、日本人を非難する発言をするな、自分たち在日の得となるような主張はするな、自分たちの間違った認識を認め、逆に日本に謝罪しろ、と。

無謀だろう。おかしいだろう。そんなことできるわけもないだろう。

南極と北極が急に逆さになったとしてもまさかできるるわけがないだろうが、もし本気でそんなことを望んでいる日本人がいるとするならば、その人こそ日本から退去するべき人となる。明らかに日本という国に、システムに合っていない人なのである。おそらく、自分もそんな世の中は住みにくくて仕方がないはずである。ただ日本で生まれた日本人であるから日本に住んでいるだけなのではなかろうか。

もっとも、上記のようなことを強く希望する日本人がいるとするならば、それはそれで何か行動を起こせばいいということになる。

くりかえすが日本という国は、法に触れない限り何でもすることができる国なのである。それがたとえ異様なまでに幼稚な考えであろうが、無理難題であろうが、ムチャクチャなことであろうが、犯罪でない限り許される。それが悲しいかな、現実なのである。人間社会とは、しょせんそんなものなのである。あいにく、良心やモラルなどで成り立つものではないのである。この巨大な社会を動かし、維持し、そして支えているのは日本国が定める法律なのである。

法を生かすも殺すも、すべてはそこに住む人たちによって決定付けられるのではないだろうか・・・。

第四章 日本人には見えぬ日本人の品格とプライドの有り様を語る

韓国女性が日本女性より不幸とは言い切れない理由

日本人は言う。

「韓国では、社会全般において女性は男性よりもはるかに地位が低く、不利・不当な立場となっている。その結果、男性に比べ、著しく社会進出が難しく、賃金においても諸外国に比べかなり低いと言える。

韓国の女性は、あらゆる面において差別の対象として捉えられ、弱者なのである。そのような韓国の男尊女卑の悪習は、儒教という愚かで未熟な宗教の教えが色濃く残っていることが原因であると考えられる」と。

もうひとつ言う。

「儒教の影響により男尊女卑の傾向が根強く残る韓国社会で、女性という身分は社会的地位が低いというだけでなく、家庭内においてもまた同じことが言えるのである。

男尊女卑という現代に全く合っていない悪い風習が浸透している社会では、女性が経済的に自立することは容易なことではなく、最終的には男性に依存することとなってしまう。そうなると、女性は多くのことを我慢しなくてはならなくなるのである。

多面に渡り厳しい現実を抱えている韓国の女性に比べ、日本の女性は非常に恵まれた環境の中で生きることができる。

くだらない思想にいつまでもすがり付いているかわいそうな韓国の女性よりも、日本の女性は相当幸せであると改めて思える」と・・・。

●●●

見上げた先にある堂々としたそのお姿。願わくば、どうか日韓両国が友こ・・・う、とはさすがに願えない。そもそも、そのような無理難題を願うためにそこに行ったのではないのだ。

東京大仏(東京都板橋区/乗蓮寺)に参拝。素直に感動。物思いにふけって何十分だって眺めていられる程の美しさにうっとりするなという方が無理な話。

参拝後、隣接する区立赤塚植物園に移動。あらかじめ近くのコンビニ（セブン-イレブンの看板が「黒」だった）でお茶を買ってあったので、しばし散策した後お茶飲みがてらベンチで休憩。

私たちが座った横のベンチに、老婦人と青年。青年の着ているTシャツのプリント文字から判断してヘルパーさん。背中が丸くなった小さい、小さいご婦人がベンチ、青年がベンチに座らずにご婦人の前にしゃがみこんでいる形で話をしていた。

「いいお天気ですね」「はい、はい」

「綺麗ですね」「はい、はい」

「次はご家族と来れるといいですね」「はい、はい」

「帰りに買い物はありますか」「はい、はい」

「少し疲れましたか」「はい、はい」

ヘルパー青年は、ご婦人によく聞こえるようにするためか、一語一句しっかりとした発音でずっと話し掛けていた。ご婦人は、その問いに聞き取るのがやっとなのか細い声で、「はい、はい」とずっと同じ返事をしつつ、何度も頷いていたのが印象的だった。

ヘルパー青年が横にそっと立ち、手押し車を一歩、また一歩とゆっくりとゆっくりと押して行った老婦人。

その光景を見た日から、もう季節は流れた。そのご婦人は、「家族」とそこを訪れただろうか。

私は他人だ。全くの赤の他人。それでも、ヘルパー青年の言っていたように、そのご婦人が家族と散策していたらいいなと、少し思ったりもする。

日本の老人ホームの数、凄まじいものがあると思う。ついこの間まであったと思っていた建物が取り壊されて更地になったと思いきや、少ししたら老人ホーム建設なんてこともあったり、街中で見掛けるデイサービスといった類の会社の多いこと、多いこと。高齢化社会で需要があるから供給もということなのだろうが、むしろ、まだまだ「足りない」のが日本の現状のようだ。

子世代にもそれぞれの生活があって、親世代も「家族の世話にはならん」の考えを持つ人も多いのかもしれない。

それでも、それはなんだか希薄とも思えてしまう私の感覚は、今の時代にそぐわない古いものでしかないのだろうか。

百世帯あったら百通り、あるいはそれ以上の家庭環境、状況があるのは当然のこと。

でも、日本では明らかに「別口考え」の子世代が（親世代もか）多過ぎるのではないか。

親は親、子は子と分けて考えるのは簡単なことではない。親と子で「親子」なのだ。

さんざん守ってもらってのうのうと生きてきて、いい歳してまだまだ守られて、さて、次は守る番です、になった時にはそしらぬ顔して切り離すのは何故なのか。

親への恩を忘れることなく労《いたわ》れ。そしてとことん敬《うやま》え。

●●●

世界のあちらこちらの国々で男女平等が謳われて久しいが、韓国においては現代でこそ随分と薄れてきてはいるものの、いまだに男女平等どころか、男尊女卑の傾向がいろいろな面においてまだ残っていると言える。

韓国では、女性は男性に比べ社会的地位が低く、人間的立場が弱く、いつ何時において差別や卑下の対象となりうる存在であるのは確かなことである。

家父長制という儒教の流れを汲み、多くの面において女性はどうしても端へ端へと押しやられてしまっているのである。社会において、家庭において、中心は常に「男性」のままなのである・・・。

現在でも韓国に根強く残っている儒教の精神だが、それを非難する日本人は多いのではないだろうか。もっとも、非難にも満たないような幼稚で偏った思い込みをしているだけという人も、案外多くの数に上るように思えてならない。

やれ古臭いだの、時代に合っていないだの、進化していない者の宗教だの、男尊女卑を助長する悪い教えだとかである。単純な言葉で非難するのは非常に簡単なことである。難しいのは、多方面から掘り下げて捉えてみることなのではないだろうか。

儒教誕生から途方もないほど長い年月が経過し、時代の流れと変化と共に、当時の教えの中には現代人からすると疑問に思えることや拒否感を覚える部分もあるのかもしれない。

しかし、非難するばかりではなく、たまには一息ついて、また違った一面を見てみるのも決して悪いことではないはずである。

日本人が、韓国では女性の地位や立場が低く、男性中心の社会や家庭で生きていくのは不幸であると思い切り上から目線でものを言ったとしても、それは一面しか見ていないからなのだと言わざるを得ない。

韓国の女性たちを哀れむのはまだ早い。必ずしも不幸と隣り合わせの毎日を過ごしているだけではないのである。


韓国で、女性として性を受け、人それぞれ様々な生き方をしていくわけだが、その中でも、男性、それは夫婦関係であったり親子（息子限定）関係であったりするわけだが、そのように男性と関わりを持っていく女性に限って言うならば、そういった女性たちは一般的に二つの立場を得ることとなる。すべてのことにあてはめて言えることだが、当然例外というのはある。それをいちいち突っ込まれては、私は朝食を食べる暇さえなくなってしまう。あらゆることに例外あり。これを忘れてはならない。

話は戻り、韓国の女性の二通りの立場とは、である。

まず一つは、結婚をして、「妻」という人生を歩むことである。

そしてもう一つ。それは、子供、しかも男の子を産み、「母」としての人生を歩むことである。

第一段階の妻としての人生は、日本人に比べ気苦労も多い。日本人同士の夫婦関係よりもはるかに男性優位の夫婦関係が保たれるからである。夫は妻に対して権威があり、威圧的に振る舞いがちである。そして、妻もまた夫に頭が上がらない家庭が多い。カカア天下なんてとんでもない。いきすぎた亭主関白というのが近いのかもしれない。妻は夫の尻に完全に敷かれてしまうのである。

そのように考えると、日本人の方がお気楽、極楽なのだろう。

そういうこともあり、どうも日本人が韓国女性の第一段階の「妻」の立場をかわいそうに思っているのかもしれない。自分たち(日本人)は良かったと胸を撫で下ろしているのかもしれない。だから儒教は駄目なのだと思い非難するのかもしれない。しかも、どうにもこうにも、その「かわいそうな」面しか見ていないのではないかと感じてならない。

しかし、もう一方の「母《オモニ》」としての人生を見た場合はどうだろうか。

男の子の母となること。つまりは、代を繋ぐ男の母となることは、日本人の母子関係とは比べ物にならないほど、強大な力を持つことを意味している。

日本人はどうだろうか。長男を産んだところで、息子を産んだところで、「母上様」の境地にまで達することができるのだろうか。ママにお母さん、母さんにかぁちゃん、頑張ったところでせいぜい「お母様」止まりだろう。

これこそ、儒教の持つ両面性である。

一見すると、男である夫に服従するばかりである悲しき立場であるが、親として、そして何より母として男を産んだ立場となると、一気にそのレベルが上昇する。その上昇具合は、まさに天にも昇る勢いなのである。

社会的にも男尊女卑の傾向が強く、それは家庭内においても同じであったとしても、男の子の母となったその暁には、すべてをひっくるめてもあり余るほどの立場を得るのである。

社会での、家庭での屈辱感を一気に挽回するだけの立場となるのが「男の子の母」なのである。

韓国人にとって母親とは絶対的な存在である。明らかに一線を引いている父親とはまたレベルの違う大きな存在が母親なのである。

何があっても離れたくない。ずっとずっと側にいて、見守って欲しい、そして誰よりも守りたい存在こそ、母親なのである。それを単なる「極度のマザコン」という一言で片付けられそうなら、胸を張って「俺はマザコンだ!」と断言する韓国人男性は大多数になるはずである。

たとえマザコンと言われようと、母親が第一の存在なのである。男、息子がそのような思いを常日頃から持っているからこそ、男尊女卑も何のその、その全てを乗り越えられるほどの幸福をもたらしてくれるのである。

日本では、一人暮らしの母親が多い。老人ホームで暮らす母親も多い。そして残念なことに母親を殺害する息子もいる。何度も言うようだが、韓国でも同じことは言える。ただ、数的に見ると韓国では一人暮らしの母親は日本に比べて少なく、息子と同居、息子家族と同居というパターンが多い。老人ホームもあるが、日に日に増えていく勢いの日本の老人ホームより圧倒的に少ない。もちろん、介護の上では専門家にお手伝いしてもらうことも悪いことではない。

母親を殺害する息子、これは韓国ではギョッとする大事件である。これも例外があることは突っ込まないで欲しいものである。

人は年齢と共に老いていくのは当然のことである。しかし、女性の場合男性よりも老化がよりはっきりと表れるように思える。男性は、「年寄りだがダンディ」と称されても、女性はどうしても「年寄りだが」に続く言葉が少ないものである。

とことん臭いことを言うならば、年老いた母親を永遠に愛し続けてくれるのが、息子である。頼れる息子であり、守ってくれる息子であり、そしてどんなに年老いても慈しんでくれるのが息子である。

儒教が善いだとか悪いという話ではない。ただ、こういう面も持っているのもまた儒教だということである。儒教の精神があるからこそ、日本人のそれとは比較できないほどの母と子の絆が確実にある。細い糸で結ばれている母子関係ではなく、太く、ちょっとやそっとのことでは切ることのできない丈夫な糸でがっちりと結ばれているのが韓国の母子関係なのである。

どうも日本人は、韓国女性の「女性」そして「妻」としての立場ばかりを見て「儒教の国の女性はかわいそう」と考えがちだが、「母」としてのもう一つの重要な面を見た場合、それでも日本の女性の方が幸せであると言い切れるのだろうか。きっと無理なはずである。

韓国では、女性、妻としての立場は決して高くはないが、息子を持つ母としての立場になれば、そのすべてを挽回しえるだけの力を持っているのである。それこそ、「母は強し」どころの話ではなく、「母は最強」となれるのである。

最後になったが、ある意味徹底した「マザコン」男性の多い韓国人と接する機会のある人たちに一つ伝達しておきたい。

どんなことがあっても、絶対に、絶対にその人の母親を侮辱するようなことを言ってはならない。それがたとえ冗談であったとしても、口が裂けても言ってはならない。

日本人の母親への思いと、韓国人の母親への思いは、それこそ南極と北極ほど差があることを忘れてはならないのである。

日本では笑って通るような母親に関するちょっとした失礼交じりの冗談だったとしても、韓国人にはそれが通用しない。冗談ではなく、本気ならなおのこと身の危険を感じるべきである。

例え、坊さんでも、牧師さんでも、神父さんでも、どんなにか修行を積んだ人間であったとしても、母親をコケにされたら、それこそ相手の首に手が回るかもしれない。それくらい母親は汚されてはならない大きく、清く、大切な存在なのである。

韓国人にとって母親を侮辱(冗談だとしても)されることは、耐え難い苦痛と、許しがたい憎しみを生むものである。もしもの時を考え、極力、いや絶対に気をつけるべきである。侮辱だけでなく、言葉遣いも丁寧にするべきである。友人だからと、その母親にタメ口なんてもっての外である。

先日、何の番組だったかは覚えていないのだが、テレビで芸人の母親の頭を(芸人である息子の前で)芸人がバシッと叩いた場面を目にしたが、韓国では考えるのも恐ろしい光景であった。それは、テレビの中での出来事であり、お笑いであり、日本では笑える冗談なのだが、韓国では、テレビであろうと、お笑いであろうと、全く笑えない冗談となってしまう。冗談どころか、そこは殺人現場となってしまうかもしれないのである。優秀な人もそうでない人も、よくできた人もみっともない人も、小綺麗な人もみすぼらしい人も、母親を侮辱されたら後先のことは一切考えられず瞬間的にブチ切れてしまうのが韓国人なのである。

儒教の国、韓国ではそうである。

儒教を非難するのは簡単なことである。非難も何も、善いか悪いかさえもはっきりわかるわけがないのだからである。だが、母親殺しという痛ましい事件が後を絶たない日本においては、それこそ非難の対象となっている儒教の精神をほんの少しでも取り入れたらいいのではないかと思うほどである。

韓国の女性はとことんかわいそうなのだろうか。しかし、女として、妻としての一面だけでなく、母としての面を知った時、同じことは言えないのではなかろうか・・・。

日本の討論番組が滑稽でつまらない理由

日本人は言う。

「日本には多くの討論番組があり、また人気もある。そのように討論番組が多くあるということは、日本の討論文化が進んでいるということの表れである。

日本人は、討論するということが好きな人種であり、そして討論文化を持つに相応しい民族性を持っている」と。

続けて言う。

「日本人は、外国人と比べて喜怒哀楽の表現を激しくすることなく、常に冷静で感情のコントロールが上手い人種である。

例えば、他人との口論の際においても、外国人のようにすぐにカッカッと熱くなり、大声で相手をまくし立てるといったようなことも少ない。

その場で一気に芽生える感情よりも、理性がより働く日本人は、討論などにおいても外国人よりも上手くやりこなせるはずである。討論というものは、日本人の性質によく馴染み、合っているものである」と・・・。

●●●

「もちろん独島ですよね。どう思いますか?」だって。ステレオタイプきたきたきた。Oh Yeah!

内心「あちゃー」と思った。それでも、割とよくあることだから、「こいつ、ふざけんな!」までの怒りが湧き上がるまでもなく、またいつものように適当にあしらうのみだな、と思った。

韓国であった飲み会のこと。当初は、日韓混合の三人で飲む約束をしていた。もう十年以上前に韓国に一年ほど駐在経験のある友人(日本人)。そして私と友人(韓国人)の三人。でも、当日になって友人(韓)から、「もう一人行きます!」と連絡が入って了承。私より少し年下の中年の新たな参加が決定。

ウォーミングアップで一軒目は軽く。二軒目で本格的に飲む。テーブルの端の方に予想以上のスピードで空き瓶が溜まっていくのが酔いと比例して気持ちいい反面、怖い。どうか、(新入り)酒癖が悪くありませんように。だって、初対面だったから新入りの酒癖が完全に未知数だったのだ。一緒に飲むなら気になるところ。気にしなければいけないところだ。私って大人。

決して悪い奴ではなかった。愛想もいいし、(日本のそれとは違うが)礼儀正しい。友人(日本人)にも適度な気遣いをしてくれてたし、むしろ「いい子」だと思えた。経営者として、上手いこと世の中渡っているんだろうな、と思えるタイプだった。

ただ、やっぱり「残念な部分」が顔に出てしまった。

私も同席の三人も、すでにけっこう飲んでいたから、会話ももうかなりぐちゃぐちゃだったと思う。前振りにどんな話をしていたのかも覚えていないが、新入りが友人(日本人)に対して言い出してしまった、竹島(独島)の話。満を持してのご登場か?

新入りは、日本人がどのような返事をするのか、すごく期待感溢れる眼差しで見ていた気がする。自分と同意見で「乾杯」。違うとなれば、さてさて「とことんディスカッションしようじゃないか!」となるか?

友人（日本人）は、私をちらりと見てわずかに苦笑い。返答に困っている感満載の顔、記憶に残っている。あの時はごめん。君の苦笑いに、私も苦笑いで返してしまって、本当にごめん。

楽しく飲んでいたつもりだったが、いきなり「討論会」なんてものが始まったらきつい、きつい。悪酔いしてしまう。

でも、（新入りにとっては）あいにく討論会は開催されることはなかった。何故なら、友人（韓国人）が、あっと言う間に話を終わらせてしまったからだ。

「俺の土地じゃないから別にどうでもいいや」だって。ちなみに友人（韓国人）は、不動産業。

新入りは少し不服そうな顔をしていたけど、まぁ、韓国人の全員が全員、「わくわく独島話」に乗ってくるとも限らない。日本人ともなると、さらに乗ってきてくれる率がぐっと下がってくることだろう。私も基本乗らない。

討論会の開催はなし。引き続きただの飲み会続行となった。

活発で、「礼儀正しい」綺麗な討論がどこそこでありますか？　よくよく思い出してみて欲しい。なるほど、そうですか、所詮そんなものか。ちょっとがっかりするな。いや、けっこう、すごいがっかり。その程度なのか。

少し落ち着け。その前にまず一度黙れ。

●●●

日本には韓国と違い「言論の自由」がある。様々な場での発言や、多くの媒体を利用しての発表も、言論の自由があるからこそ成り立つものである。現に、私も日本という土地だからこそ、自分が思うままに文章に書き表せるという恩恵を受けている者の一人である。

発言や発表が自由にできる国だからこそ、日本では多くの討論番組が制作され、今日もまたテレビから茶の間へじゃんじゃんと討論番組が流れ込んでくる。

言論の自由が確立された国にいることを謳歌する、論じることの猛者たちの集いの場の一つでもある討論番組だが、そういった番組を観る度に、私の頭の中では何だかじわりじわりと苛立たしさが芽生えてきてしまう。その苛立ちの理由は分析するまでもない。自分の意見を熱く語り、そういった自分自身に酔いしれている猛者たちに苛立ちを感じているだけなのである。
日本では、これだけ多くの討論番組があり、なおかつ多くの論者たちが入り乱れて日々熱き闘いを繰り広げているが、残念ながらその中に論じることの「プロフェッショナル」はいない。少なくとも、私は誰一人として、「うまいな」と思える論者を見たことがない。一人も、だ。ただの一人としていないのである・・・。

与えられた主題に沿ってそれぞれが自分の意見を主張し合うのは大いにけっこう。それこそ討論の醍醐味である。思わず熱が入ってしまうのも当然のことだろう。討論の場において、一人だけ白けていたり、互いの主張を順番に静かに語り合っていくだけというのもそれもまた違った意味で問題である。

しかし、いくら著名な学者であろうと、有名な政治家であろうと、討論のプロと自負してやたらと偉そうにしている人であろうと、どうも目の前に見える相手にしか話していない論者ばかりである。だが、討論において自分の意見をぶつけるのは、実は目の前の相手ではなく、他にいるのである。目に見える相手にばかり気を取られ、何とか自分の意見に納得させよう、何が何でも説得しよう、何としてでも相手を負かそうという嫌らしい考えのみ持って論争に挑むからこそ、討論の場が乱れて仕方がない。論者が本当に自分の意見を納得させなくてはいけない相手は、目の前の自分と異なる意見を持つ者ではないはずである。テレビの討論番組ではそれを視聴している第三者にこそ、明確かつ「なるほど」と思える説得力を持ってして論じるべきなのである。自分の主張を、討論を視聴している「その他大勢」の人々を納得させられてこそ、討論の真のプロである。

相手の論者を必死に自分の陣営に引き込もうとして顔を真っ赤にして、声を張り上げるだけの者は、討論の「と」の字も知らないただのアマチュアでしかない。

討論という場において、相手と会話を通して論争をしているのは、ただの表面上の形だけであって、実際にはその論争を見ている視聴者に語りかける、視聴者に向けて会話すると思わなくてはならないはずである。

目の前にいる異なる意見を持つ論者を説得させることは簡単だろうか。いや絶対に一筋縄ではいかないはずである。どんなに必死に論じても、論争し合う相手が寝返ることはないのである。

例えば、右翼チーム／左翼チームに分かれて討論をすることになったとしよう。

その両者が討論を始めたところで、どう論争し合ったとしても、右翼チームが左翼チームを説得させることは無理なのである。それと同じく、どう主張をぶつけ合ったとしても、左翼チームが右翼チームを納得させることもまた不可能である。

自民党だった政治家が、一、二時間程の論争で手の平を返したように民主党員になろうと決意はできまい。何十年と信仰してきた仏教徒が、少しばかりキリスト教徒の話を聞いたところでイエス様を信仰の対象とはしまい。ジーザス。

何時間、何十時間討論したところで、「なるほど、そうですね」と、長い時間培ってきた主張や理念を、つまりは両者共に持つそれぞれの意見を簡単に変えることはできないはずである。

論争の中で、それらを「観戦」している者たちにとって、「どちらがどれだけ説得力があるのか」ということをわからせ、そして最終的に自分の意見の方へと意識を向かわせることこそが討論において大事なことなのである。

明らかに正反対の意見を主張する目の前の相手に対して、自分の意見を押し付け、説得させようとするから、互いに極度の興奮状態に陥り声を荒げたり、相手が話している最中なのにも関わらず大声で話を遮ったりしてしまうのだ（まあ、テレビ局は話の中身よりもこのバトルを期待しているのだろうが?)。

少し気に食わないことを言われたとなると、この世の者とは思えない形相でカメラがあることすらすっかり忘れ、いい年齢の大人なのに理性の欠片《かけら》もないほどぶち切れてしまうなんてことはもはや見てられない。

あるいは、「1+1=?」の答えがわかった小学生のように、今にも席から立ち上がらんばかりの勢いで手を上げて「指名」されるのを凄まじい顔つきで待っていたりするという醜さを醸し出してしまうのである。そういった数々の見るに耐え難いマナー違反の言動を観る度に、もどかしくて、苛立たしくて仕方ない。著名人であったとしても、皆が皆、討論のど素人なのである。もちろん、あくまでも私個人の考えのみで討論術とやらを捉えているだけでしかなく、当然、日本人の討論と韓国人の討論とを比較してどうこう言っているのでもない。

前述したように本当の討論の達人たる者は、目の前の相手にではなく、第三者に向けて論じることのできる人であると私は思う。

相手を巧みに利用しながら、第三者を納得させるだけの意見を不特定多数の人々に向けて発することができる人こそ、真のプロである。

いくら論争したところで平行線のまま、互いの意見が交じり合うことのない、ただ興奮するだけの視聴者完全無視の討論アマの論者が消え失せ、相手の意見をしっかりと聞き入れつつも、冷静沈着に鋭く論破し、自分のメッセージを強く視聴者にアピールすることのできる討論プロが増えれば増えるほど、もしかすると討論番組はそこらのドラマより数段おもしろいものになるような気がするのである。


もし、もしも、論者たちが感情的になって、血管を浮かび上がらせてまで論争するのを期待し、楽しみにしているような視聴者がいるのだとしたら、それは脳味噌が「低空飛行」しているだけでしかない。

論者が論者なら、視聴者も視聴者、ということである。

だが、野次馬ではないのだから、沸騰し過ぎの論者たちをただ集めた討論番組に興奮するのではなく、苛立ちを感じている視聴者が日本には多数存在していると思いたい。

日本の討論番組は、もはや討論番組ではない。何てことはない、ただの口論番組である。

日本人は、そんなにまで「ただの」口論が好きな人種であったのだろうか。いっそのこと、例を挙げるならば、「朝まで生テレビ」という番組は「朝まで生口論」という番組名に変えてしまえばいいと思えるほどである。

討論とは、対極する相手を納得させるという無理なことを言い争うものではない。ましてや、テレビ討論は、いかに視聴者を納得させ、味方に付けることなのではないだろうか・・・。

上品な言語が上品な人間をつくる理由

日本人は言う。

「目上の人には仕方がなく敬語を使うが、はっきり言って敬語を使うのは嫌で嫌で仕方がない。年上だろうが、年下だろうが、同い年だろうが、敬語を使い、使われると、何だか仲良くなれる気がしない。互いに距離をおいているように感じてくるのである。古い世代の人ほど敬語を重要視する傾向が強いが、若い世代にとっては、敬語なんて必要ない。自然で円満な人間関係を築く上においても、敬語というものは不必要で邪魔な壁でしかない」と。

もっと言う。

「英語のような外国語には日本語のような堅苦しいガチガチの敬語はないが、そのような言語を使う人同士は、仲良くなりやすく、上下関係など気にすることなく平等で親密な人間関係を作り上げることができるはずである。窮屈でしかない敬語の使用は、人と人との間に見えない壁を作ってしまうようであり、人間関係の幅を自ら狭めてしまうような気さえしてくる。時代の流れに沿って、言語もより習いやすく、覚えやすく、そして合理的に使いやすくなっていくべきである。

　わざわざ考えて使うくらいなら、現代日本語に敬語なんてなくせばいいと思える」と・・・。

● ● ●

　せっかくあるのに「使わない」なんて残念賞ものだ。その前にもしかして「使えない」のだろうか？　おかしいな、日本人だろう？　だったら「使えて当たり前」のはずなのに。

　風を切る勢いで私の横を自転車で通り過ぎた小学校高学年くらいの少年。少しして「兄ちゃーん」って、少しよろめきながら必死にペダルを漕いで追い付こうとしている小学三年生か四年生くらいの少年。兄弟だな。

　でもかわいそうに、歩道に乗り上げようとした時、わずかな段差に引っ掛かり横転してしまった。直後に大泣き。

私の目の前で起こった「事故」に驚いたのも一瞬。小走りで駆け寄った。

兄ちゃんと、母親に頼まれた「おつかい」に行った帰りだったのだろう。それっぽいものが、ビニール袋から顔を出して道路脇に吹っ飛んでいた。

私が「大丈夫か?」って声を掛けたら、一秒前まで大泣きしていたのに即座に泣き止んで「はい」と。「はい」ですよ、「はい」・・・その状況で。涙をぐっと堪えているその子を抱き起こして、自転車を起こし、ビニール袋を拾った。

兄ちゃんも弟に起こった異変に気付き戻って来た。兄ちゃんの顔を見て安心したのか、またたった一秒で大泣き再開。見知らぬ大人に声を掛けられて、子供心にも即座に泣き止んで返事をするという難易度の高いことをやってのけてくれた。

見た限りでは怪我らしい怪我をしているようには見えなかった。長袖、長ズボンだったことも不幸中の幸いだった。でも、自転車で転倒してどこも打っていないなどありえない。かわいそうに、痣とかできているかもしれないし、どこか強く打ち付けてないといいな。

私は兄ちゃんの方に、「どっか打ってるかもしれないから、弟がどこか痛がったら、お母さんに病院に連れて行ってもらって」と言った。痣程度で済めばいいけど、実際、頭とか打ってたら怖いし。

するとは兄ちゃんが、「ありがとうございました。大丈夫です」って。しっかりしてる、さすが兄ちゃんだ。兄ちゃんが弟を「ツンっ」と突いていた。弟も、「ありがとうございました」と。私もつられて、小学生相手に「気を付けて帰って下さい」と。

二人を見送った。また自転車に乗れたところを見て、安心。それでも、弟が私を気にしてか、一度後ろを振り返った。また転ぶと危ないからよそ見するなよ・・・。

たった少しの会話であったが、丁寧な言葉を使える兄弟だった。その兄弟の日本語、これからも「汚れる」ことなく使ってくれたらいいなと、他人である私が何故か「親心満載」でしみじみと思った・・・。

日本語の乱れ。汚いな。そして、もったいないな。何故そういう日本語を恥ずかしい気もなく自然と使ってしまうのだろうか。もしかして、君たちは使えないのかな？ だとしたら、それは恥ずかしい限りだ。それとも、あえての「使わない派」なわけ？

「ちゃんとした」日本語を使え。学び直せ。

●●●

非常にもったいないと感じている。もったいないという思いを通り越して、もはや愚かにも感じる。

日本人として忘れてはならないはずの「もったいない」ことを、すっかり忘れてしまった日本人たちに対してである。もっとも、忘れてしまったというよりも、最初から知らないだけなのかもしれない。それならなおのこと愚かとしか言いようがないのである・・・。

世界には実に多くの言語がある。

数多くある言語の中で、きちんとした形でできあがっている「敬語」のある言語というのは、実はそう多くはない。わずかに数えるほどと言ってもいい。

その数少ない貴重な敬語が含まれる言語に日本語も入る。日本語を母国語、母語とする人にとっては、敬語が存在するのはごく自然なことのように感じるかもしれないが、他の国々の言語と比較しても珍しく、そして悪いどころか大層良いものであると今一度確認してもらいたい。

そのような「日本語の核心」とも言えるべき敬語だが、もったいないことに日本人でありながら使えない人が半端ではなく多いのである。世界の言語の中でもまれな敬語という素晴らしい言語があるのに、それを使わないのはもったいないも甚だしい。「国語」の時間にみっちりと習い、習得しているはずの敬語を使うことがそんなに難しいものなのだろうか。使うべき場面、使うべき相手に対して、敬語を使うどころかタメ口とやらを使う輩の何と多いことだろうか。嘆かわしいものである。

ありとあらゆる場面と相手に敬語のみを使い続けることはしなくとも、最低限使うべきところは使うべきである。せっかくの「敬語」が、大粒の涙を流しつつ泣いていることだろう。どんな場面においても、どんな相手に対してもあたかも何も間違ってはいないとばかりに平気でタメ口を使う者は、自分の首を自分で絞めているようなものである。己の品位のなさを自ら露呈しているのである。母国語である日本語を、その時々に合わせて操ることさえろくにできないその程度のレベルの人間に成り下がってしまうのである。

国語の時間に居眠りをしていてまともに授業を聞いていなかったのか、あるいは授業をしっかり受けていたが理解できなかったかわいそうな者のどちらかなのだろう。

テレビを視聴していても、おっさんが年下の者にタメ口で話しているのをよく見かける。年上なら偉そうなタメ口ありなのだろうか。そうか、そういうキャラクターだから仕方ないと思うより他ないのかもしれない。

だが、手本となるべくおっさん連中が、あたかも「今までもそういう言葉遣いだったよ」とばかりにタメ口で話しているのを聞く度に見苦しく思えてならないのである。おっさんだけでなく、若い世代も同じである。もはや敬語を忘れた愚かな日本人だらけなのが苦々しい。

何もテレビに出ている人たちだけに限った話でもない。一般にもハリケーンの自然発生とばかりにタメ口が横行している。どうして敬語を使わないのか。そうか、教養がないゆえに「使えない」のか。後者の方がまだ救われるものである。敬語を知っていながら使わない者なんて、まさかいないはずである。知らないから使えないのだ。

服屋の店員は、仲のいい友達ではない。「同じやつの色違いある?」ではないだろう。スーパーの店員は、親しい友人ではない。「○○どこ?」ではないだろう。コンビニの店員は、何でも知っている仲の幼馴染ではない。「弁当温めて」ではないだろう。

店員側も同じである。客は神ではないなど百も承知。だからと言って、「これどう?」とか、「サイズ違いならあるよ」ではない。馴れ馴れしいにも程がある。馴れ馴れしくすることがお洒落なのか。まともな言葉遣いさえろくにできないだけではないか。

狭い道ですれ違う時なども、「ごめん」ではないだろう。肩と肩とが触れ合う胸キュンな瞬間でも、相手は恋人ではないのである。

先日、品川駅に程近い某ホテル前で偶然目にした車同士の接触事故。降りて一声目が「お前、何やってんの?」である。お前こそ「何言ってんの?」だろう。といったように、「敬語を知らない」問題ありの輩たちにもわかるようにと、とてつもなく簡単な例をいくつか挙げてみたが、そんな簡単な例でさえ理解できない「タメ口上等」の日本人がいるはずである。ただただ、ため息が出てきそうである。

タメ口を使うのには、いくつか理由があるのではないかと私は思う。

まず、どこでも、どんな場面においても、誰彼かまわずタメ口を使う者は、タメ口が格好いいと思っているのではないか、ということである。馴れ馴れしくタメ口を使うことこそお洒落なことだと思い違いをしてしまっている。そして、敬語を毛嫌いする、国籍は「たまたま」日本だが、敬語さえろくに使えない日本人ではない者たちがアメリカに影響を受けているのかもしれないということである。

まさに、タメ口を使って自分の「フレンドリーっぷり」を必死にアピールしているようにしか見えない。痛い。敬語を「習っていない」子供と違い、ある程度の年齢になったらしっかりと敬語を使うべきである。抵抗感なくタメ口で話をする者が、何とも痛々しい。嫌な意味で親しげに、偉そうに、そしてか弱き自分を守るために先にタメ口をたたいて相手を威嚇しているつもりだろうか。

自分の学習能力はこの程度、自分の家庭環境はこの程度、自分の親もこの程度、そんな中で育ってきましたというレベルの低さを自分から告白しているようなものである。まさに赤裸々告白。

タメ口しか口から出ない者は、自覚症状はないものの、そういった自分のレベルを隠すために後にも先にもタメ口しか話せない。劣等感の裏返しでもある。

それとは逆に、まだ年端もいかない子供がたどたどしいながらも敬語を使っている姿を見る度に、思わずうっとりとしてしまうこともある。その子本人もさることながら、そのような言葉を扱える子に育てている親御さんに自然と敬服したくなるものである。

いい歳して、そして教育を受けた者とて、ろくに敬語を使えない「おバカさん」よりも、よほど立派な日本人なのではないだろうか。


言葉遣い一つで、大人であろうと子供であろうと、男であろうと女であろうと、その人その人の知識や知恵、教育の程度や常識、育ちに環境、実に多くのことが瞬時に判断できるものである。それだけ重要なものが言語なのである。

他の国の言語に比べ、圧倒的に豊富な語彙と多彩な言い回しのきく日本語だからこそ、時と場合と場所、そして相手さえもわきまえずにあえてタメ口などという汚い日本語を使うのはもったいなさ過ぎる。

当然のことながら、普段何気なく使っているのでその存在の貴重さをついつい忘れがちなのかもしれないが、言語とは、人間のレベルそのものを表すものではないだろうか・・・。

日本人がなめられる自業自得の理由（ソウル日本人学校園児斧襲撃事件）※

日本人は言う。

「時は二十一世紀。現在もなお、日韓関係はお世辞にも友好関係を作り上げ、維持しているとは言えない。

韓国では、年中行事でもあるかのごとく、日韓間に何らかの問題が起こる度に日本製品の不買運動や行き過ぎた過激なデモ、反日運動を繰り広げているのである。

韓国各地で実行されているそれら反日運動は、よほど大きな出来事とならない限りテレビなどマスコミを通して目にする機会はほとんどないに等しい。しかし、韓国では日本人が知らないというだけで反日運動が頻繁に行われているのである。

日韓関係がいい方向へと向上するどころか、年々悪くなっている現在の状況を生み出しているのは、韓国政府による反日教育と反日活動、そして韓国人に根強く浸透している反日感情であると断言できる。

日韓の友好のために、過去から現在に至るまで、日本は辛抱強く対処し、更には懸命に努力してきたはずである。だが、根元が腐りきっている韓国人が日本への反日という思いを消さない限り、この先日本がどんなにか友好の手を差し伸べたところで韓国がその手を取るとは到底思えない。

韓国人が変わることがないのなら、日本と韓国の友好は日本が努力したところで永久に無理な話となってしまうことだろう」と。

まだ言う。

「韓国政府による、しつこく気持ち悪い反日政策及び韓国人の醜く汚い反日運動、反日感情に対して、日本が取ってきた立派な対応と誠意というものは韓国人なんかには伝わらない。きちんとした日本の対応は、すべて無駄であったとさえ思えるほどである。

徹底して日本を憎悪する韓国のようなろくでもない国と、日本が無理をしてまで友好関係を築く必要があるのかと大いに疑問に感じる。

韓国とは国交を断絶したいくらいだが、それはいかんせ無理な話である。そうならば、汚いものには触れるなかれ、という精神で、反日韓国に対して完全に無関心の態度を取るのが最も適している。

韓国人と関わりを持ちたくない日本人の気持ちを察することなく、反日のくせに日本人にやたらと関心を持っているストーカーまがいの韓国人にとって、日本人に無視されるのがいちばん堪えるだろう。

反日韓国人にとって最も辛いことは、日本人の嫌韓よりも、無関心という反応であるはずである。反日韓国が自滅するその日まで、今後も日本は徹底して韓国に無関心を貫き通すべきである。

放っておかれた韓国は、そのうち反日というものが崩壊するだろう」と・・・。

●　●　●

もう風化してしまいました。韓国でも、そして日本でも・・・。

あなた方日本人は、何を考えているのでしょうか。何をすべきだったのでしょうか。

もう手遅れです。それでも、肝に銘じて下さい。

全く喜ばしいことではないのだが、世界最高峰の呼び声高い反日国家である韓国。韓国人として生まれたからには、韓国人として生きていくのなら、反日の精神があってこそのものである。言葉を変えるならば、反日政策を取り続ける韓国という国により、本人の意思に関係なく、「反日韓国人」として成長していくのである。

韓国人として、強弱の差はあるものの持っていて当然の思惑が、日本人にとっては何とも傍迷惑な「反日」という感情なのである。「反日」という思い、言動は、今までも、そしてこれからも韓国人にとっては切り離すことのできないものである。

韓国、韓国人は、国が、国民が熱中する「反日」を脱することができるのだろうか。完全に脱することができなくとも、少なくとも反日感情を薄めることができるのだろうか。

この終わりなき反日政策がもたらす悲惨な現状を、日本人は目を見開き、国民一人一人がしっかり認識しなくてはならないはずである。

反日感情が微塵もなくなることは不可能だとしても、その感情、言動に対して何らかの応対を日本側からももっと積極的に働きかけてくれないことには、韓国人だけでは絶対的に無理である。

韓国全土に深く、醜く根を張っている反日感情を薄めないことには、友好も糞もない。日韓という二つの国において、友好などという言葉そのものを使うのもおこがましい限りである・・・。

今から十一年前の平成十六年（二〇〇四年）一月二十九日。韓国・ソウルで衝撃的な事件が起きた。

日本人学校の前で、そこに通う幼稚園児が韓国人の男に襲撃された事件である。凶器は斧。

この事件後、日本は最大にして最高のチャンスを失った。韓国の反日政策を大きく改め直させるチャンスを、韓国人から反日感情を広範囲にわたって拭い去るチャンスを日本は見逃してしまったのである。貴重かつ大きな一歩を踏み出すことなく、日本人はこの事件をあっさりと流してしまったのである。

被害にあった園児、そしてご両親の痛みを思うと、このようなことを言うのは何とも不適切であり、非常に申しわけなく思うのであるが、それでも、この事件は日韓両国にとって大きな転機を迎えるはずの出来事であったことは確かである。

重ねて言うが、園児、そしてご両親、親戚や関係者、韓国という地で学校に通うという普通のことにさえ恐怖を覚えることとなった園児や学生たちには、この先も非常に気分の悪い表現が出てきてしまうことだろう。その点は寛容をお願いしたい。

私はただの興味本位ではなく、この事件がきっかけで、何かが、それは韓国の反日政策であったり、韓国人の反日感情であったりするのだが、大きく、大きく動くのであろうと本気で思ったのである。

それほど、日本人学校園児襲撃事件は衝撃的で、そして多大な意味を持つ事件であったのである。

この事件をニュースで知った私は、まず真っ先に韓国の反日政策に力強い警鐘を鳴らすべく絶好の機会であると瞬時に思ったのである。

これをきっかけに、「常識の感情」を完全に逸脱した反日が終わりを迎えるのではないかとさえ思えたほどである。被害者には申しわけないと思う反面、とてつもなく非常識ながら期待感を感じてしまったことを正直に告白する。

韓国のいき過ぎた、異常とも言える反日を終わらせる、せめて薄めるためには、そのどんな出来事や行動よりも、最も効果的であるべき事件であったのである。この一つの痛ましい事件に勝るものはない。言わば、完璧な条件、状況を揃えていたのである。

「日本人である園児」に、「韓国人の成人男性」が、ある日突然何の前触れもなく斧を振り下ろしたのである。しかも、意図的に殺意を持ってその行動に及んだことは、許しがたい行為だった上に、そのまま風化させてはならない事件であったのである。

少し考えてみよう。この事件は、日頃マスメディアから溢れて止まることを知らないその他もろもろの事件ではなかったはずである。

韓国に観光旅行に来た日本人女性がレイプされた。

韓国に留学中の日本人留学生女性が強い酒を飲まされた後、ホテルに連れ込まれた。

日本人観光客が、韓国人に殴られた。

韓国人に暴行を受けた後、金品を奪われた。

日本人が韓国人に騙された・・・。

こういった事件は、もちろんないことを願うしかないが、それでも、それはいつまた起こるともわからない。しかも、加害者、被害者の国籍や性別が変わるだけであって、それは世界どこへ行っても、起こりうる事件であるのだ。レイプに詐欺に窃盗、殺人さえも。日本でだって現に起こっている事件なのである。

しかし、園児襲撃事件はどうだろうか。こういった類の事件とは明らかにわけが違う事件であったのだ。あり得ない、決してあってはならない事件であったのである。それが実際起こってしまったのである。

何十年という反日教育や反日感情を経て成人した韓国人による、無邪気で無防備で純粋な日本人園児に対してなされた犯罪なのである。全世界の人たちに、韓国の異常な反日政策の現状を、そして狂った反日感情を持つ韓国人が存在することを知らしめることができる事件であったのである。

正常とは言いがたい反日政策や反日感情に、声を大にして異論を唱え、見直させる絶好のチャンスであったのである。

しかし、日本はどうしたのだろうか。

普通の事件ではなかったのにも関わらず、いたって普通の事件と同等に扱ってしまったのみであった。せいぜいネット上で名前も名乗ることなく言いたい放題の人たちが一時騒いだだけであり、そのほとんどのマスメディアが大々的に報じることをしなかったのである。これは、「その後の対応」としては最悪のパターンであった。

考えられないほどいき過ぎ、恐ろしいほど狂った反日政策、教育、感情を的確に物語る事件であったのだが、それを日本は黙殺してしまったのである。

韓国ではほとんど報道されなかった。当然自分たちに都合が悪いからである。国民を混乱させたくなかったのである。しかし、日本はそうするべきではなかったのである。韓国に気を使ったのか。それにより、誰かが何か得をしたり、安堵したのだろうか。

反日感情を持つ普通の成人した韓国人が、何の罪もない日本人の園児に斧を振り下ろしたことを、どうして活用することができなかったのだろうか。

このニュースがネット上で多少なりとも話題になった際、韓国人でさえも、「やばいよ」「まずいよ」「謝罪するべきだろう」「なんでやった」「今回は許されない」等々まともな意見が飛び交ったものである。

「まずい立場」に一気に押しやられた韓国人でも、この事件が意味するところを認識していたのである。私は、密かにほくそ笑んでしまったことをはっきりと覚えている。それくらい、韓国人が反日に関して初めて焦った事件であったのである。しかし、韓国人にとっては良かったことに、日本人にとっては最低最悪なことに、日本は簡単に「一件落着」させてしまったのである。私が思うに、相当考えがたいことだが、日本人はそれをいとも簡単にやってしまったのである。

もし、この事件が他の国の国民に対して起こったのなら、と思うと身震いがしそうである。例えば、反米感情を持つ韓国人が、韓国にあるアメリカンスクール（在韓外国人学校）に通う児童（アメリカ人）を斧で襲撃したら・・・。

大人が子供を襲う。しかも殺意を持って、である。こんな事件が起きたのなら、即座にアメリカ国内にいる韓国人たちはアメリカから逃げ出すことだろう。アメリカに住む「コリアン」たちには大きな被害に合う危険性があるからである。暴動や報復を恐れ、韓国人であることに身の危険を感じるはずである。

他の国でも同じことを言えるはずである。ロシアに中国。考えるだけでも恐ろしく言葉にならない。現地にいる韓国人が、大勢殴り殺されかねない。

イギリスにドイツにフランス。「やられて」ただで済むとは到底考え難いものである。日本のようにおとなしく黙っているはずがないのである。

報復は報復しか生まない。だからこそ、日本人は冷静な「大人な態度」を取ったのだといいように捉えてあげるべきなのかもしれない。だが、韓国の反日政策を終わらせたいのなら、最大限活用するに値する出来事だったのに、日本政府は全く利用しきれなかったのである。

韓国にとっても、弁明の余地が一切ないほどの、平謝りの繰り返しで謝罪するしかない事件だった。

日本には、反日政策への異論、反日教育への警告、反日感情への異議を唱え、国内外に広く知らせる機会が与えられたはずであったのである。

韓国の反日に歯止めをかけ、日本国民にも、その危険性、危機感を植え付ける時だったのである。言いわけすることさえ許されないすべての条件が整った事件を日本はみすみす流し去ってしまったのである。

ある日、反日韓国人が日本に来て、反日を叫んで東京のど真ん中で多くの日本人を巻き添えにして自爆したとしよう。「それくらいのレベル」の事件が起こらないと、日本人は目覚めることができないのだろうか。それほど日本人は「甘ちゃん」なのだろうか。

そのような事件が起こってやっとこ重い腰をあげ、韓国の反日が危ない、とふと気付くのだろうか。

再びこういう事件が起こることを願ってはいけないし、あってはならないのは当然のことである。

しかし、日本はその最初で最後のチャンスを逃した。

価値がないものは、守る気にならないのが人間の心理というものである。子供を守ってくれない、強く抗議もしてくれない、大々的に話題にもしてくれない、そういう国に対して子供は大人になった時、日本を守ろうとはたして思えるのだろうか。日本という国に価値を見出すことができるのだろうか。

私は親米派ではないのでアメリカという国を褒めるつもりはさしてないが、それでもアメリカが強いのはなぜか。世界各地で自分の国の名前を出せば、どんなに無茶であろうと必ず守ってくれるという安心感を与えてくれる国だからである。だからこそ、自分の国に愛国心があり、多大な価値とプライドを持っているのである。

今回のこの事件でも、相手がアメリカだったら、日本と正反対の行動を起こしたと思われる。

近年日本では愛国心を持つべきだの、持てだの奇声を挙げているが、そんなことを言う前に他にすべきことがあったのである。大人に斧を振り落とされ、計り知れないほどの恐怖を知ってしまった園児。韓国であろうと、中国であろうと、アメリカであろうと、日本であろうと、国民の命さえ守ってくれないようでは国を愛する心も芽生えるわけがないのである。国民を、ましてや日本の将来を担う子供を守ってから、愛国心うんぬんを叫ぶべきである。

日本という国に守られることなく育った日本人が反日日本人になってもしょうがないのである。日本という国を捨て、自分を、家族を強固な力で守ってくれるであろう安心感を与えてくれるアメリカという国の、あるいは他の国の市民権を取得されても何も言えまい。

「この国の人間に手を出したら、何だかわからないが怖い」という思いを他国の人々に浸透させるのも国の重要な役目なのである。

その役目さえろくにできない無能な日本政府、情けない日本人。今後、反日が終わるとか反日から逃れられるとか、反日が薄まるなどと思ってはならない。演出してもしきれない、ここぞと言わんばかりの事件に対して身動き一つ取らなかったことは、後々致命的な痛手を被ることを意味しているのである。

反日政策を取り続けている韓国という国に対して、なぜだかひたすら逃げ腰の日本。

国内にいようが国外にいようが、日本人を鉄壁のガードで守ることができるのは、日本という国家だけなのではないだろうか・・・。

※ソウル日本人学校園児斧襲撃事件
二〇〇四年一月二十九日、ソウル日本人学校前で通学バスから降りた同校の幼稚園児二人が、待ち伏せしていた韓国人の男に襲われ、うち一人が斧で頭を殴られた。男は別の園児を襲おうとしたが、学校の警備員に羽交い締めにされ、取り押さえられた事件。男は、犯行の前日に飲食店で焼酎を飲んだ際に「日本語を話す男三人とけんかになり、腹などを殴られ、腹が立った」ことで犯行を思い立ち、斧は犯行直前に購入したと供述。警察当局は「事件当時、男はまだ酔った状態だった」として、政治的な背景については否定。また、犯人が過去に精神疾患の治療を受けていたため、警察は男の精神鑑定を行い、殺人未遂容疑で身柄を拘束した。検察は殺人未遂罪で起訴し、同年四月一日ソウル地方法院は犯人に懲役四年の判決を言い渡した。頭蓋骨陥没骨折の重傷を負った園児は幸い手術を受け回復した。男は事件後メディアの取材に対して「へぇー子供が怪我したのか　でも日本人でしょ」と語っていたという。

おわりに

ちょうど今から二十五年前。

桜の花びらが白い雪のように舞い落ちる青空が、眩しいくらい美しかった四月の春。

夢と未知の空間・東京に向かう前日に、母にねだって買ってもらった「リーバイス501ジーンズ」を穿き、ドキドキしながら成田空港に降りたあの日。

あの瞬間から、自分の意志ではコントロール出来ない何かの強力な運命の力に惹かれるかのように、はまり込んでいった日本、日本人への思索と探求。


軍隊を除隊したばかりの、怖いもの知らずの自信満々な青年の目と鼻に、その神秘的な姿と香りを「強烈に」見せ、匂わせてくれた日本人たち。

生まれて初めて見る、生まれて初めて嗅ぐ、そのユニークな日本人の言動とメンタルの香りに、私は来日の初日から数日も酷い頭痛で苦しんでいたことを、今でもはっきりと憶えています。

あれから無我夢中になって日本人という人間たちを観察していった不思議な情熱に燃えていたことも、はっきりと憶えています。

今、振り返ってみると、当時の私の「日本人」というテーマへの熱い思索と探求は、宗教のそれとは色が違うものの、まるで「本物の日本人という人間像を完璧に理解するための"悟り"へ向かう修行の道のり」のような気がしてなりません。


そして、その「悟り」への長い修行の道のりの真っ最中に書き上げたのが『僕が親日になった理由』と『韓国男性に恋してはいけない36の理由』というタイトルの二冊でした。

勿論この二冊は「悟りの次元」から遥か前の段階での中間報告書のようなものなので、未熟な部分が多々あったに違いありません。

ちなみに、『韓国男性に恋してはいけない36の理由』という本ですが、これは決して韓国男性論だけの意味を持つ本ではありません。

日本男性の特徴や日本人の性質などを先にまず正確に理解しないことには、その比較の結果として韓国男性の特徴なんてものは絶対に見えてこないからなのです。

日本。

この国は、どこを目指し、どこに向かっているのでしょうか。

日本人。

この人たちは、何を思い、何がしたいのでしょうか。


私のこの問いに、いつも恥ずかしそうに、無言の笑顔で返してくる日本人たち。

解答を求めて、眠れない真夜中の空に問いかけてみても、ただ星が静かに。


不可思議と神秘で満ち溢れた国、日本。

このユニーク極まりない日本と日本人を知るために、解るために、観察と思索をし続けてきた二十五年という長い月日。

時には氷より冷たい理性で、時には熱い感情で、日本人を見てきた二十五年間。

そのユニークさゆえの難解さが自分を混乱の闇へと何度も何度も誘う中、ある日ふと気付きました。その他無数の星たちとは明らかに異なる一つの星が既に自分の心の中の夜空で、独特な光を静かながらも強烈に放っていたことに・・・。

その星が日本であり、その星に住む人々が日本人であり、そしてその星の物語が、二十五年という月日を経て出来上がった、私の「日本人論」です。

その日本人物語を、私は思い切って「書く」ことにしました。

そして、今回は迷うことなく思いっきり「書き」ました。

それによって、あなた方日本人が何を考え、何を思い、その結果、どう受け取るかはわかりません。正直、「解って欲しいこと」はありますが、それは私がいちいち言うことでもありません。

最後に、

日本において一外国人でしかない私が、どのような思いでこれを書いたのか・・・ほんの少しでも読み取ってくれることをわずかながらに期待します。淡い恋心なりけり。

二〇一五年　四月

金　智羽